ENTRE DOS TIERRAS

EL HOMBRE ES GRANDE POR LO QUE HACE

Juan Carlos Hidalgo

ENTRE DOS TIERRAS

Primera edición: julio, 2022

D.R. del texto, audio y video © 2022, Juan Carlos Hidalgo

D.R. © 2022, derechos de edición en español y otros idiomas:

Ordinal, S.A. de C.V.

Avenida de la Primavera 1874, Parques Vallarta, Zapopan Jalisco, C.P. 45222, México.

www.ordinalbooks.com

D.R. © Ordinal, S.A. de C.V.

contacto@ordinalbooks.com

Para los migrantes,

quienes derrumban fronteras,

abren caminos con su esfuerzo,

enriquecen la cultura de los pueblos

y tienden puentes de amor y

nostalgia entre dos tierras;

entre ellos, mi padre.

Introducción

Un estadio lleno y una historia por contar

Viernes 27 de agosto del 2021.

El ingeniero de sonido me dio un micrófono y me indicó que tenía tres minutos para dar mi mensaje. Debido a la emoción, mis piernas se volvieron frágiles a dos escalones de pisar la monumental plataforma. Nosotros estrenábamos el estadio SoFi, en la ciudad de Los Ángeles, su estructura no había escuchado los gritos de fanáticos emocionados, su piso no tenía una sola lágrima derramada por los recuerdos. Todo estaba perfecto, hasta el cielo lucía como mandado a hacer para esa noche.

A mi espalda estaban Los Bukis tomados de la mano, orando y lanzando sus plegarias al Poderoso. Marco Antonio Solís abrazaba y animaba a Joel, Pepe, Pedro, Roberto, Javier y Eusebio, quienes mostraban una notable angustia, pues no habían tocado juntos en veinticinco años.

Eran las 8:45 de la noche y un cronómetro marcaba la cuenta regresiva y mostraba cuatro minutos con cincuenta y tres segundos.

No era la primera vez que yo hablaba ante una multitud, pero sí en presentar el regreso de la agrupación más icónica de México: Los Bukis.

Tuvo que pasar un cuarto de siglo para que aquellos hombres tocaran de nuevo juntos y todo el mundo quería ser testigo del reencuentro. Yo era el elegido para dar la bienvenida a una historia cantada. Debo confesar que estaba nervioso, quizá más que los integrantes del grupo; intentaba concentrarme, repasaba mis notas y en voz casi inaudible practicaba mi discurso.

Qué ironía, mi mente me transportó hasta 1980, cuando Los Bukis se presentaron en un baile en Zacapu, Michoacán, a ocho kilómetros de mi ranchito. Recordé el pantalón negro con bastilla —el mismo que usé en la graduación de la secundaria—, mi camisa blanca y una chamarrita de mezclilla que me trajo mi papá del norte, los zapatos eran unos mocasines de la marca Canadá y, en la bolsa, justo los 25 pesos para el boleto de entrada, ni más ni menos.

Emocionado, luego de hacer fila, llegué a la taquilla del estadio en la unidad deportiva y me dijeron que el precio del boleto había subido. Mis 25 pesos se convirtieron en una mueca triste.

—Pero ¿cómo? ¡Si éste es el precio anunciado!

—Así es joven, pero abajo del cartel dice: «En la taquilla, un poco más». Si no *completa*, hágase a un lado, por favor.

Me retiré, con los mocasines golpeteé la tierra y el entusiasmo que llevaba se convirtió en una bofetada en la cara. Ya estaba allí, así que me compré unas papitas y una Coca-Cola y me acomodé a escuchar a Los Bukis desde afuera, donde estaban todos los vehículos de la producción del evento. Desde ahí escuché *Mi fantasía*, a unos cuantos metros que parecían kilómetros.

Me fue bien, lo construí todo en mi mente. Escuché el espectáculo de Los Bukis, comí papitas y el frío de la Coca refrescó el momento. No los vi, pero estuve allí.

¿Hasta dónde me ha traído la vida?

El grito continuo de «Bukis, Bukis» devolvió mi mente al estadio SoFi para escuchar a los fanáticos que, inquietos, pedían la aparición de los ídolos.

Tenía tres minutos para mi mensaje. Me dirigí al centro del escenario, frente a una gran cortina plateada. Me había aprendido de memoria lo que debía decir; sin embargo, al final, mi breve discurso salió improvisado:

> Mi nombre es Juan Carlos Hidalgo, soy michoacano y me siento muy honrado de poder ser parte de esta historia cantada. Esperamos veinticinco años la llegada de este día, pero para que esto ocurriera, todo, todo debía ser perfecto. El majestuoso estadio SoFi, nuevo de paquete, fue construido en gran parte por manos de obreros hispanos, quienes colocaron los asientos que ustedes estrenan esta noche. Aquí, sólo los gigantes de la música se presentarán, pero ¡qué orgullo!, porque los nuestros son los primeros.
>
> Un cuarto de siglo para volver a cantar y recordar con ellos, y ahora, sólo nos separa esta cortina. Me retiro para no interrumpir ni un segundo la presentación de su majestad: Los Bukis.

El estadio se cimbró con un estallido de emociones y se fundió con la música. Setenta mil almas grabaron en sus celulares el momento

trascendental, llevaron a sus redes ese instante preciso y precioso para decirle al mundo que fueron parte de la historia.

Yo estaba en la tarima presentando a Los Bukis, sin mis mocasines, sin papitas y sin esa lágrima que me arrancó la boletera de la ventanilla cuando no *completaba* mi entrada. Ya no necesitaba 25 pesos, porque tenía los gritos de esas setenta mil almas en los bolsillos.

No cabe duda de que, cuando te formas una idea y te aferras a tus sueños, éstos pueden llevarte hasta los límites de tu imaginación. Esta travesía que estoy a punto de contarte estará llena de pruebas, algunas cuesta arriba y otras de bajadita, pero todas llenas de aprendizaje y motivación. Conocerás a personas que significan mucho y espero que también se queden para siempre en tu vida.

Aquí es donde yo aparezco en esta historia real y verídica como la prueba de un ADN que revela mi verdadera identidad, esa identidad que dice: «Eres tú, y no hay nadie igual».

La crónica comienza en Tariácuri, Michoacán, en el humilde cine de mi padre, y me lleva a la realización de la película de mis sueños. Ésta es una historia escrita desde mi llanto y mi alegría, desde las emociones que otros provocaron en mí y desde lo que yo he dejado en las personas.

El objetivo de este libro es inspirar a quienes no saben todavía que, venir de un rancho no debe ser jamás un obstáculo para avanzar en la vida. Aquí no interesa si la gente viste la misma ropa todos los días, lo que importa es llevar siempre puestos los mismos sueños y jamás renunciar hasta conseguirlos.

A temprana edad, sentado en la loma de Tariácuri, pensativo y mirando la ciénega de Zacapu, empecé a definir si quedarme o abandonar el pueblo; con la bendición de mi madre y sin imaginar los retos, opté por tomar camino y por seguir las señales que me guiarían en busca de lo imaginado.

El sueño americano es inspiración y motivación, es la musa que impulsa a tantos hombres y mujeres a componer canciones, es engancharse en el autobús que te llevará a un país en el que se escriben las grandes historias de las personas más exitosas del mundo.

¿Estás listo para el viaje? Para que tu trayecto sea más liviano, deja lo que no debes traer en tu mochila.

Yo soy el único responsable de esta narrativa escrita con la intención de hacer un homenaje a los que se quedaron y a los que se fueron, a los que con pico y pala colocaron cada piedra de mis calles, a los que construyeron con adobe y teja mi ranchito lindo, a quienes lucharon por un pedazo de tierra, a los héroes de Tariácuri, por dejar inspiración a las nuevas generaciones.

Mi deseo es que no se pierdan los tesoros que he heredado de quienes ya no existen. Quizá algunos recuerden las cosas de manera distinta, pero ésta es la versión que permanece en mi memoria. Ésta es la única disculpa escrita en este libro, lo demás es camino andado, amor, pasión, libertad y fronteras rotas.

Todo empieza desde abajo, menos cavar fosas.

-Así dijo mi abuelo

Tariácuri

Ésta es una historia simple pero no fácil de contar. Como en una fábula, hay dolor, y como una fábula, está llena de asombro y felicidad.

-Roberto Benigni. *La vida es bella* (1997)

#MELLAMOJUAN

EL EJECUTIVO
JUAN CARLOS HIDALGO

Antes de ser un empresario de medios de comunicación, primero fui, he sido y soy Juan Carlos Hidalgo Ordaz y espero seguirlo siendo, hasta cuando se pueda.

Todos crecimos bajo circunstancias distintas, ésta es la versión de la vida que me tocó y está inspirada en un puñado de recuerdos, porque, a final de cuentas, cada experiencia es una versión muy personal que nos ha dejado la generosidad de la memoria.

Mi historia comenzó un 9 de julio de 1965 en San Antonio Tariácuri, Michoacán; Cáncer, con ascendente en el mismo signo, para los que creen en eso, para los que no, simplemente fue un viernes. Era una tarde de sol cobrizo que se daba por vencido al terminar el día; apenas oscurecía y la escritura de este libro estaba sujeta a si yo sobrevivía al parto en manos de un médico pasante. De pronto, se escuchó un llanto y un suspiro que anunciaban la vida de un niño que nació de pura chiripada.

Desde antes, mi madre tuvo la valentía de tomar una decisión cuando el médico le informó que su bebé venía fuera de la matriz y, llegado el momento, ella debía escoger entre su vida o la mía. Lo más conveniente era rezar para que todo tuviera un final feliz. Cuando las cosas se ponen feas, la oración siempre es oportuna y hasta una tentación para los ateos.

Hoy en día, mi madre, a sus 90 años, me sigue dando su bendición, como aquel día en el que me aferré a este mundo de dolor, asombro y felicidad.

Qué suerte tuve de nacer.

-Alberto Cortez

Llegué a este planeta con las mismas oportunidades y carencias que cualquier otro. Un ranchito en la mera cuna del imperio purépecha me dio la bienvenida.

Michoacán es un paraíso de altas montañas, de exuberantes bosques de fina madera, fértiles valles tan inmensos que se pierden en la mirada, con hermosas lagunas y manantiales que al amanecer brillan como espejos al retoque del sol. Michoacán es una mezcla de inspiración y sensibilidad, habitado en la lejanía de la historia por el señorío purépecha. Ahí nacieron Tariácuri, José María Morelos, Melchor Ocampo, Lázaro Cárdenas, Juan Gabriel, Marco Antonio Solís y, entre otros menos famosos, yo.

Ahí, se canta con guitarras de Paracho y bailan los viejitos con la banda de Zirahuén, ahí se comen carnitas, churipo, morisqueta, corundas y uchepos; ahí nacieron el guacamole, el pan de muerto, los chongos zamoranos y las paletas de Tocumbo.

Ahí crecí entre sones y piruekas, con las bandas de Pichátaro.

Tariácuri es mi rancho, mi pulmón y mi respiración; el lugar se caracteriza por la cúpula de su templo, que se va perdiendo en el cielo, y allá, al final, la corona una cruz, desde abajo se ve tan inmensa como la mirada triste del campesino que carga un puñado de mazorcas en un costal.

Cómo olvidar El Tanque, un ojo de agua que se convierte en un manantial natural, donde los niños se encuentran por las tardes para tirarse un clavado desde la rama de aquel sauce que regala su sombra gentil a quien todavía lo visita.

Ahí me pasé los años y ahí encontré mi primer amor.

-Felipe Valdez Leal

En Tariácuri debería haber una placa que rindiera honor a su fundador, quizá el sitio ideal es la cima de aquel cerrito que lo vigila todo, o en alguna pared, o en el cielo, en forma de nube para recordar siempre a ese gran señor que escogió esa tierra para nosotros.

Tariácuri, donde los caminos hablan, el polvo y el viento murmuran las extrañas vivencias de sus habitantes, forjadas desde siempre. Es un poblado con un torbellino de escenas en las que el hombre y la naturaleza se amalgaman en una belleza formidable. El pasado y el presente giran alrededor de las tradiciones, de una ciénega visible desde lo *mero* alto de la loma. En Tariácuri, la imaginación trasciende a la mirada, resucita en los granos que se cosechan desde antes de la aparición del sol hasta que el calor se funde con la tarde. Ahí, el aire es limpio y huele a tierra mojada de agosto, aunque el calendario diga otra cosa; la lluvia ensordece al caer sobre las tejas rojizas de las humildes casas de adobe. La atmósfera se llena con promesas de uchepos y corundas que, según la historia, eran platillos especiales servidos a los príncipes purépechas, que hoy se sirven en los mercados igualando a pobres y ricos con aquellos monarcas.

En Tariácuri, los abuelos no se mueren, se quedan en la memoria. De mi papá José heredamos su limpio sentido del humor y las historias que de tanto contarlas se convertían en una película de recuerdos; de mi abuelita Rosa, recuerdo su tierna mirada y el milagro que realizaba en su fogón y en su comal, al convertir la masa y la sal en una deliciosa *ranita*. En Tariácuri duele la idea de dejar todo lo vivido.

Desde lejos, el quiosco de mi pueblo es tan pequeño que bien podría caber en el bolsillo de quien manejó la trilladora en el campo o del chofer del tractor McCormick W-30 comprado en 1936 por don José Ortega Ambriz; la carcasa de aquella máquina aún se encuentra bajo resguardo en un estrado de la escuela secundaria, como símbolo de que aquí se sigue sembrando la semilla de los sueños y esperanzas.

Un día salimos del pueblo, pero el pueblo nunca salió de nosotros.

Así luce Tariácuri, unas calles de tierra muy caminadas, y otras con poco pavimento porque pocos pasos las transitan.

De la vieja hacienda de don Antonio Carranza sólo quedan ruinas y una historia por contar.

Cuando voy a Tariácuri, la nostalgia me hace saber que, en realidad, nunca me fui, que algo de mí se quedó. Camino a lo más alto de mi cerrito para poder narrar lo que viví. Desde ahí puedo divisar lo que mis antepasados apenas pudieron contar, levanto la mirada y una lágrima me acusa de que yo fui parte de una desbandada que abandonó este lugar con la promesa de regresar: quise conocer otros horizontes, como la mayoría. Se quedaron los abuelos y quienes tenían un salario que les quitaba las ganas de marcharse.

Sí, muchos nos fuimos, pero los poco más de mil habitantes de Tariácuri se multiplican cada 12 de diciembre, día de la Virgen de Guadalupe y de la fiesta del pueblo. Ropa nueva, danzas, fuegos artificiales, jaripeos, pretexto para echar trago; la celebración se parece a muchas, si no es que a todas las que suceden cada día en México, pero en los pueblos de Michoacán, tiene la virtud de traer de vuelta a los hijos pródigos que cruzaron la frontera del tiempo o del espacio. Ahí, la palabra «religión» le hace honor a su significado etimológico: *reunir* familias, recuerdos y melancolías de los que regresan para empaparse del aroma de su tierra.

Me siento en una piedra agrietada del callejón que da al campo de fútbol donde se jugaban los encuentros del Real Tariácuri vs. El Botafogo. Levanto el brazo y señalo: el Malpaís, junto a Zacapu, donde templos y plazas en ruinas son guardianes del primer asentamiento purépecha en el que, se dice que nació Tariácuri; al fondo, se ve el majestuoso cerro del Tecolote.

En cada recuerdo me conmuevo, siento algo en mi pecho que me hace suspirar.

A unos pasos reposan las ruinas de la Casa Grande, hacienda de estilo neoclásico edificada a media falda de la ladera de mi pueblito; a espaldas yace el cráter de un volcán viejo, de más de quince millones de años, al que le llamamos la Alberca, pero que en realidad se llama Axalepascos, que en náhuatl significa «olla de arena con agua». ¿De cuántos suspiros estará lleno aquel cráter?

En esa Casa Grande trabajaron mis abuelos. Mi papá, José, daba luz propia a la hacienda, pues era responsable de que el dínamo, de tecnología española, estuviera en óptimas condiciones, aunque a las chozas de los peones las iluminara un triste mechero de petróleo. Alguna vez contaron que no siempre vivía ahí la familia de don Antonio Carranza. La operaban los administradores, mayordomos, contadores y capataces. La ambición y el poder a veces ciegan a los patrones, y nada justifica las injusticias vividas por los primeros pobladores de mi pueblito, que venían de Guanajuato y arribaron a El Aguaje y La Rabadilla, donde fincaron sus viviendas en medio de unas nopaleras y se emplearon como peones de la hacienda.

Es imposible no admirar los logros tecnológicos de esa época: dicen que la necesidad es la madre del ingenio. La ciénega de Zacapu era una inmensa y pantanosa laguna hasta que, en 1864, Antonio Carranza, propietario de las haciendas de Tariácuri, Zipimeo y Los Espinos, se asoció con los hermanos Noriega, a quienes les pertenecían las fincas de Cantabria y Copándaro; juntos, se apuntaron como principales impulsores de la desecación de la laguna, convirtiéndola en el más grande granero y centro de actividades agrícolas y ganaderas de Michoacán.

Con una inversión de ochocientos treinta mil pesos en oro, construyeron una red de canales de desagüe para hacer próspero este valle. Las relaciones de los hacendados con la gente en el poder influyeron para el tendido de un ramal ferroviario en su territorio, solventando las necesidades de distribución de insumos y transportación de maíz cosechado a lomo por campesinos.

Cuando yo era niño, la quietud del campo a veces era monótona. La infancia es la edad de la curiosidad y la energía. En Tariácuri el aburrimiento se rompía gracias a las ruedas de este tren. Yo ponía mis sueños en ese silbato, en ese escándalo de las vías. Los niños acudíamos a verlo cuando iba y volvía de Ajuno.

Desde que el mundo es mundo, hasta las grandes potencias de nuestros días, igual que en Tariácuri, las grandes obras se han sostenido sobre el lomo de los trabajadores.

Se sabe que algunos hacendados en Michoacán llegaron a tener una gran cantidad de haciendas, como la tercera condesa de Miravalle, que llegó a poseer alrededor de setenta propiedades sólo en este estado. En México, mil familias eran hacendadas y 65 por ciento de la población eran peones despojados de sus tierras.

Esta situación vio su fin en 1934, con la promulgación de la Reforma Agraria, impulsada por el presidente Lázaro Cárdenas. Entonces se hizo un reparto de tierras a campesinos en general y a comunidades indígenas, creando la figura del ejido comunitario como un acto de justicia para elevar el bienestar de la gente del campo.

Con un zafarrancho, los pueblos vecinos intentaron saquear y destruir la hacienda de Tariácuri, expulsando a los pocos pobladores: quemaron sus casas e intentaron desterrarlos para apoderarse de las tierras, hasta que llegó el ejército a poner orden y respeto a los colonos. Existe documentación que avala la importante aportación de un noble personaje en el progreso de esta pequeña comunidad de Tariácuri.

Don José Ortega Ambriz, un hombre letrado, fue líder en la negociación de las tierras del ejido. A pie, recorría el camino hasta Morelia, aunque un poco tarde, pues los pueblos vecinos ya habían obtenido la mayoría de las tierras, así que se tuvo que trasladar a la Ciudad de México, se vio obligado a dividir el pueblo en San Antonio y Tariácuri, para que al campesinado le tocara un pedazo de lo que siempre les perteneció. Hacendados, caudillos, líderes charros… ¿Cuándo se nos quitará a los mexicanos la cultura del gandalla?

Don José ganó fama por su liderazgo, pero eso sí, nunca se le fue a la cabeza; era un hombre recto y justo, nunca dejó de luchar y de buscar el bienestar de los amigos de Tariácuri, quienes gracias a él ya tenían parcelas, aunque seguían con los bolsillos vacíos, y es que el campo no es nada sin los campesinos y sin las semillas para sembrar.

La tierra no da si no la moja el sudor.

-José Hernández

La gente era pobre, ni cómo conseguir crédito para un arado, y mucho menos para una yunta de bueyes. Don José organizó a la comunidad para la compra de un tractor y una trilladora, siempre estuvo dispuesto a echar una mano a los nuevos ejidatarios, construyó una carbonera cerca de cráter del volcán La Alberca y empleaba a los colonos para transportar en burro el carbón que alimentaba las máquinas del gigante de vapor. También hizo algunas obras públicas, porque en mi rancho faltaba todo menos agujeros, los había en techos de las chozas, en las bolsas del pantalón, en los zapatos y en las almas. Los únicos agujeros que faltaban eran donde se entierra a los muertos, así que se hizo un panteón que nadie quería inaugurar.

Existen otros célebres personajes que influyeron positivamente en la historia de nuestro pueblito y que debemos honrar por su valentía, como Jesús Alvarado, Celedonio Alvarado y don Cruz Espinoza, entre otros, que pelearon junto al general José Inés García Chávez en la Revolución de 1910.

La jefatura o comisaría de una comunidad tan pequeña es verdaderamente para los valientes o los que buscan prosperidad comunitaria.

Mi padre se apuntó más de una vez como autoridad y, junto a otros con madera de líderes, lograron varios avances, como el alumbrado público, pues el ranchito era iluminado sólo por la luna, que, caprichosa, no salía completa todas las noches.

En aquella época, las calles eran conocidas con apodos: la calle ancha, la de abajo, la del templo y el callejón de rosa, porque sencillamente no había un mapa y tampoco nombres de los caminos, hasta que mi *apá*, de favor le pidió a Roberto, su sobrino arquitecto, que trazará un plano urbano ya con nombres de las calles.

Cuando mi padre fue autoridad, un 15 de septiembre le tocó dar el grito de Independencia y, cuando dijo: «¡Viva José María Morelos! ¡Viva Miguel Hidalgo y Costilla!», más de algún descontento aprovechó para dedicarle una rechifla porque sí, mi padre y el padre de la patria compartieron nombre y mentadas de madre.

La sangre de los abuelos

Cuando era niño, te veía como un gigante, hoy, que soy adulto, te veo aún más grande.

Mi padre, Miguel Hidalgo, abrió sus ojos al mundo el 26 de noviembre de 1934: tercero de seis hermanos. Hombre de modales serios, culto y congruente, pocos temas le son ajenos; con él puedes hablar de cualquier cosa, desde deportes, historia y política, hasta la biografía de cualquier presidente. Su gran consejo para sus nietos ha sido siempre que «lean, pero lean todo, hasta los recibos de la luz».

Es limpio con su palabra. No recuerdo haberlo escuchado decir una grosería frente a nosotros. Aunque es directo, y con frecuencia aparenta ser frío y hasta insensible.

Cuando nació mi hija, nos dijo: «No se preocupen, luego se compone», lo cual sorprendió a mi esposa, pero ahora nos reímos.

Sin duda, mi padre es un verdadero ejemplo de que el trabajo dignifica al hombre. Se desempeñó como campesino, cácaro, obrero, bracero y empresario. Él hace honor a sus arrugas, al trabajo y al mismísimo padre de la patria y héroe de la Independencia de México: don

Miguel Hidalgo y Costilla, coincidencia y detalle que le ha significado más de una anécdota, como esa vez en que estaba tomándose unos vinos con algunos amigos y apareció una patrulla de policía preguntando: «A ver, señores, ¿cuáles son sus nombres?». Cuando mi padre dijo el suyo ocasionó carcajadas de los incrédulos oficiales: «Ahora sí nos lo vamos a cargar por bromista», amenazaron. Eventualmente, se dieron cuenta de que estaba diciendo la verdad.

Esa viejita es mi todo.

Doña Sara Ordaz Bustos nació el 20 de febrero del 1932, hija de Pancho Ordaz y Pachita Bustos, la tercera de una familia de seis hermanos, una mujer de belleza notable y talentos múltiples: modista, diseñadora, confeccionista o costurera «de ajeno», como se dice en el rancho.

Al momento de escribir estas líneas, mi madre tiene 90 años y se le sigue viendo bailar, cantar y juguetear como si fuera una niña; quizá es por su demencia, pero qué importa si nunca la he visto más feliz; lo bueno de estas enfermedades es que a la gente también se le olvidan el dolor y la tristeza.

Es una mujer con gran fortaleza. Aguantó, y aguantó mucho.

Es mi ángel de la guarda, por ella estoy aquí, es mi héroe porque en los momentos en los que se quedó sola no tuvo tiempo para el mie-

do con tal de sacarnos adelante. Esa mujer llevaba en el bolso un pañuelo con mis mocos, cargaba un morral con tortillas, cebollas y unos cuantos chiles; esa cabecita blanca que me quiere a mí, más que a ella misma, nos da a todos su más sincera bendición sin condiciones, peros o intereses. Así son los ángeles de la guarda, también se les olvidan todos los errores que hemos cometido.

Mis padres, por méritos propios, siempre se ganaron el respeto, el cariño y la admiración de quienes los conocen: desde el que usaba huaraches hasta el enzapatado, por eso es bueno hacerse compadre de los más allegados, para que los elegidos tengan al niño más o menos acomodado. Así es en el ranchito, donde se dice que es mejor malo por conocido, que bueno por conocer. Lo curioso es que nunca conocí a mis padrinos, por algo ha de ser.

En las familias mexicanas, donde come uno, comen siete.

En los ranchos, todos nos conocemos, nos damos los buenos días y nos prestamos un kilo de frijol, de harina o maíz, nadie muere de hambre y nadie se salva de que en su parcela se roben unos elotes y calabacitas para el famoso caldo de res. Tariácuri podrá ser un pueblito con calles topográficamente accidentadas y no tan rectas, pero de que su gente es hospitalaria y dadivosa, lo es; no existe una casa, por más pobre y humilde, en la que no haya un «Siéntese: ¿ya comió?, ¿quiere un taco?». Estoy seguro de que no hay mejor manera de ser agradecido con la vida.

Los Hidalgo Ordaz éramos siete hijos: tres varones y cuatro mujeres; en orden de aparición:

- Norma, la del *cuate*, una mujer elegante, creativa y de gran talento, a quien le tocó hacer el papel de hermana y, muchas veces, de mamá de los chiquillos.

- Miguelillo (e. p. d.), el mayor de los varones, el que heredó el carácter de mi padre: talentoso dibujante, ingenioso, impaciente. Le sobraba valentía y estaba dispuesto a dar la mitad de su vida por un amigo o alguien de su familia (Es curioso cómo uno dedica párrafos más largos a los muertos.)

- Ernesto, un hombre trabajador, servicial y muy alegre. De niño lo apodaban el Viudo —ni idea de por qué. Es el bromista de la familia: si está él, seguro te carcajeas, hace bromas hasta de sí mismo.

- Sigo yo, pero ya me presenté y ni modo de escribir una mini-biografía en una biografía.

- Gabriela, la grande, una mujer luchona que no tuvo una tarea sencilla y que ha sacado adelante a sus hijos, con mucho orgullo.

- Gabriela, la chica. ¿Por qué dos? Pregúntenle a mi *apá*. Es empresaria y de noble corazón, le gusta ayudar a quien lo necesita.

- Clarita, la menor, es creativa y emprendedora. Junto a Jesse, su esposo, siempre tiene un proyecto andando.

En Tariácuri, era muy fácil distinguir a los Hidalgo Ordaz: mismas caras, misma ropa, mismo todo.

Los abuelos son personas con plata en el pelo y oro en el corazón.

Cuando una familia es numerosa, el problema a la hora de comer no es qué parte de la gallina te toca, sino quién tomaría la Coca-Cola en la botella. Doña Sara, además de servir la comida, sacaba el cinto para poner en su lugar a más de uno de sus hijos, a mí me tocaba seguido.

Nuestra casa era humilde, estaba junto a la de mis abuelos (los mejores vecinos), teníamos patios en varios niveles, callejón, portal, lavadero, gallinero, chiquero, el corral y el *ekuaro*, que era una pequeña siembra de maíz típica de Michoacán. Leyéndolo así, no parece tan humilde, pero lo era, lo que pasa es que cuando alguien tiene el campo mexicano como patio trasero, se siente millonario.

A veces se entraba por la puerta principal, que tenía un tope en el piso para asegurarla, pero era más común ingresar por la parte de atrás, por la calle que daba a la hacienda, sólo hacía falta un brinco para superar una cerca con un portillo.

Había un solo baño que no era parte de la estructura de la casa, pues estaba a varios metros de distancia; era un cajón de madera sobre una fosa, tenía dos agujeros, uno grande y uno pequeño para los niños. Si te daban ganas por la noche o madrugada, salías al silencio total o escuchabas cantar a un gallo, de esos que insisten en desvelar a los vecinos. Eran hermosos momentos en los que la belleza del paisaje y el olor de la letrina generaban un extraño concepto de paz.

Un pedazo de periódico hacía las veces de papel higiénico y de lectura para cultivar la mente con noticias pasadas que encontraban un destino trágico al final de la experiencia.

Un espacio cuadrado construido con láminas y una manguera que terminaba en un bote con agujeros servía de regadera: sólo agua fría, dicen que quien se baña con agua helada es capaz de todo.

En la casa, todo era empedrado, pero eso sí, bien adornado con decenas de macetas en botes proveídos por las empacadoras de chiles o de manteca. Flores, plantas medicinales para el dolor de panza o las reumas, ruda para espantar brujas o maleficios. Yo nunca vi a una bruja, así que supongo que funcionaba. Mi mamá Rosa, madre de mi padre, pasaba horas podando y platicando con sus plantitas en un lenguaje secreto que sólo conocen las señoras sabias y las raíces de la tierra.

Mi abuela siempre trató a mi madre como a su propia hija, era una mujer católica practicante con aura de santa, llena de bondad y amabilidad. Compartíamos el pequeño vecindario de tres casas donde el cariño y la seguridad eran primordiales.

La casa de mamá Rosa siempre tenía invitados, nadie, ni los tíos *postizos* se perdían la obligada visita en Semana Santa para experimentar la adrenalina de la correteza de los judas, la fiesta de la Guadalupana el 12 de diciembre y las posadas. Por las noches, el suelo estaba listo para ser tapizado por petates, una colchoneta, una cobija hecha por mi abuela de remiendos a cuadros cortados de telas, algún pantalón, quizá una camisa o vestido sin esperanza, todo perfectamente zurcido. Todo cumplía el propósito de calmar el frío de los primos tendidos en el suelo de cemento pulido por mi abuelo. Ahí llegaban los Hidalgo de Uruapan, familiares de Guadalajara, los de la Ciudad de México y hasta uno que otro colado al que a veces ni conocíamos.

Mi abuelita tenía una cazuela milagrosa que, con un vaso más de agua, hacía que los frijoles alcanzaran para todos. La tradición del desayuno era un molcajete de salsa roja machacada por las manos de mi abuelo, cecina con chile, tamales y, de postre, los favoritos de todos: buñuelos. Sólo de acordarme se me hacen agua la boca y los ojos.Don José, el mejor abuelo del mundo mundial (dicho por todos), se hacía querer rápidamente, tenía un corazón inmenso, era simpático y decidor de chistes como nadie. Agraciados todos aquellos que heredaron su singular humorismo.

No hay en nuestra vida cómplice más hermoso que el abuelo: en él tenemos a un padre, a un maestro y a un amigo.

Tengo tantos recuerdos de ese generoso y hospitalario hombre al que admiro por sus múltiples habilidades, oficios e inquietudes; se desempeñaba como campesino, albañil, peluquero y abuelo. Hay tantas anécdotas que quisiera compartir sobre él, que no me alcanzaría este libro, pero sí caeré en la tentación de una:

Teníamos una perra en casa. En una ocasión, llegó uno de los clientes de mi abuelo y le preguntó:

—Don José, ¿está su perra?

—Sí cómo no, ahorita le hablo. ¡Golondrina, aquí te hablan! —gritó mi abuelo.

La perra salió, encarrerada, moviendo la cola como rehilete mientras el cliente se sentaba a esperar a que don José le cortara el pelo.

Tres pesos era la cuota por corte, si lo querías con *vista*, con la silla volteada hacia la ciénega; sin vista cobraba dos, pero mirando hacia la pared. Para el estilo del corte sólo había dos opciones: pelón y con un copetito.

Gracias al abuelo, llevamos en la sangre el amor por el campo, aprendimos que nada es fácil, que sin trabajo no lograrás nada en la vida y que lo que consigues sin esforzarte no es más que humo entre las manos. Somos nobles porque el abuelo era noble, somos humildes porque el abuelo era un gran maestro.

El caminar del abuelo dejó huellas en nuestra alma.

Con frecuencia, su figura ocupa mis mejores recuerdos. Para don José, el campo era una religión, ¿cómo no amar el aroma del amanecer, la luz entre los árboles y la satisfacción de mirar el trabajo convertido en granos de maíz? Aunque era duro levantarse cuando aún estaba oscuro y con mucho frío, desde pequeños íbamos con él a los cultivos para quitar la yerba mala, limpiar los vallados o canales de riego y piscar mazorcas; la labor era pesada para nuestra edad, pero más pesado era perderse su sentido del humor; sus relatos hacían más ligera la carga en la espalda de aquel chunde repleto de mazorcas recién piscadas.

Mi abuelo fue un hombre muy positivo, nunca le escuché una expresión de odio, desprecio o rencor; aunque como peón de la hacienda no tuvo la infancia más digna, nunca se quejó de la vida que le tocó: a eso se le llama triunfar.

Quien tiene siembra, debe cosechar.

-Dijo mi abuelo

En aquella época, todo se hacía a mano, y de la mano de mi abuelo aprendimos que las obras de Dios nacen en el campo y que, si eres agradecido con la naturaleza, también serás bendecido.

El abuelo José sembró en nosotros una semilla de amor por la tierra y hay quien aprendió a vivir de ella, como mi padre, quien dedicó gran parte de su existencia a los cultivos. Su nieto, el Chelis, ha honrado su memoria entregando su vida, como ingeniero agrónomo, a la investigación para mejorar las huertas de aguacate, el oro verde de México.

Las cosas buenas de mi vida crecieron en el campo.

Una de las experiencias más reconfortantes es convivir con la familia, desde mis padres, mis hermanos, mi esposa y mis hijos. Esa conexión tiene resultados porque veo la paz que existe cuando logramos estar reunidos.

Me encanta estar en el rancho, y más cuando se acerca diciembre, entonces, la fogata es la protagonista que ilumina nuestras sonrisas en la oscuridad del campo. Las pláticas provocan carcajadas y los recuerdos de la infancia se desprenden como si las estrellas bajaran a contarnos cuánto nos hemos extrañado. Cuando la noche se hace vieja todos vamos a dormir —el que ganó una cama, bueno, y el que cayó en un sillón de la sala, perfecto, entre familia se rompen reglas: el que alcanzó, alcanzó, y el que no, se aguanta, sin chistar, ¡ya dije!

Una mañana de Navidad, mientras preparábamos un rico café de olla, escuché una conversación entre mis hijos y sus primos, estaban muy entrados debatiendo sobre comida chatarra, dietas y cómo mantenerse en forma; les di los buenos días, luego les conté: «En mi infancia, no imaginaba las pizzas, mucho menos las hamburguesas con papitas, hasta que llegué a Estados Unidos». Hoy en día, buscamos en el mercado productos orgánicos, revisamos los ingredientes para ver contenidos de grasa, azúcar y todo lo que es nocivo para la salud. En nuestra tierra natal, al comer no estaba presente en nuestra mente la palabra «orgánico» y comíamos sin pensar, todo iba directo del campo al fogón y a la cazuela, con sabor a leña; los huevos eran recolectados en el gallinero, el frijol en caldo con cebolla y cilantro fresco, la sopa se preparaba con garbanzos cosechados ayer, las calabacitas venían de la parcela del vecino, los quelites y las verdolagas crecían en la orilla del camino.

Flor de calabaza para unas quesadillas, tacos de huitlacoche, elote cocido, asado o en esquite con chile y limón, nopales en todas sus presentaciones, aguacates que traían los primos de Uruapan, duraznos, naranjas, tunas y capulines recién cortados del *ekuaro*, casi siempre sin lavar; todo fresco, cien por ciento orgánico y sin saberlo o pensarlo. Carne, de vez en cuando, con suerte una vez a la semana; de postre, un pedazo de calabaza en dulce que hacía la abuela; refrescos, cuáles, una jarra de limonada o de mucho, un Kool-Aid de uva, y como mi madre descubrió la clave perfecta para administrar la economía de la casa, y de vez en cuando le quedaban un par de pesos extra, nos consentía con una caja del cereal del gallito con leche ordeñada en la mañana. Lo digo con mucho orgullo y lo presumo, porque me marcó positivamente y en mi familia aprendimos que todos debemos contribuir llevando algo de lo que se pone en la mesa.

Los ingredientes son fruto del amor de la tierra, cosechados con el cariño de unas manos trabajadoras y cocinados en el fogón ardiente de un corazón.

Sólo hay tres cosas que pueden matar a un campesino: un relámpago, que se vuelque en el tractor y la vejez.

-Bill Bryson

¿Me pregunto si ésta es la razón por la cual la gente de rancho parece ser más longeva? Hay que sumar que en el campo se respira aire fresco y puro, pareciera que las preocupaciones son menos, no tenemos apego por lo que no nos hace falta y disfrutamos lo que tenemos.

En el racho, la gente muere feliz, sin saber de qué, nada más se escucha por ahí el cuchicheo de los vecinos: «¿De qué fallecería don *Rafail*? Se miraba gordito, cachetoncito, bien lleno de vida». Lo cierto es que murió por colesterol, diabetes y, en algunas ocasiones, de cáncer, pero nunca lo supo, y tampoco importaba.

Mi abuelo murió de tristeza cuando le dijeron que tenían que amputarle un pie diabético. Mi abuela murió cuando le quitaron a mi abuelo, pero a mi corazón nadie lo puede convencer de que se han ido.

Los braceros

He pasado la vida explorando otras tierras para darle a mis hijos un mañana mejor.

-Enrique Valencia de *Los Tigres del Norte*

En un rancho, todo el mundo se conoce, hay complicidad y confianza, es común referirse a alguien por su sobrenombre, bueno casi siempre inspirado en defectos físicos, características o circunstancias peculiares. Por ejemplo, algunos en el barrio conocidos como el Cacas, Cara de burro, el Chivo, el Tlacuache, el Perico, el Pato y un largo etcétera; parecía un zoológico. Es muy posible que en Tariácuri, si preguntas dónde vive Juan Carlos Hidalgo, no te den razón, pero pregunta por el Carrito y conseguirás santo y seña. Ése soy yo, rrrrrrmmmbb.

Cuando no tienes nada, no hay nada que perder.

-Jack, en *Titanic* (1997)

En la edad de la inocencia, si los Santos Reyes no llegan, uno se cree cualquier justificación: «Se olvidaron dónde vives, no les llegó tu carta, tu casa está al final del rancho o se les terminaron los juguetes». Ah, pero «no contabas con mi astucia», como decía el Chapulín Colorado: si le buscas, encuentras la forma de hacer un juguete con cualquier cosa.

Mi madre acostumbraba a enviarme a la tienda de don Alberto y mi mente inquieta y fantasiosa imaginaba que manejaba un coche o un gran camión, como volante utilizaba el plato o la canasta del mandado y así corría a toda velocidad y haciendo curvas cerradas por los callejones hasta llegar al almacén poco surtido. No tardó algún creativo en darme el apodo del Carrito.

Más de una vez sufrí algún accidente y derramé la manteca para freír los frijoles que me habían encargado; ningún seguro me cubría contra el regaño de mi mamá.

Mis primeros juguetes los construí con la guía de mi tío Tomás, quien tenía una modesta carpintería y un taller de bicicletas, un pequeño negocio que apenas le dejaba para pasarla. Siempre me hacía acompañar de mi primo Toño, quien vivía con mis abuelos.

—Jóvenes les presento al serrucho y el martillo —dijo un día mi tío—. Estas herramientas están vivas y las tienen que tratar con respeto, porque si no, los van a hacer gritar; el martillo, con dos golpes pedirá silencio, y el serrucho, se lleva lo que encuentra en su camino.

El mensaje era claro: tener cuidado de no lastimarnos, de regresar la herramienta a su lugar después de usarlas y honrar los instrumentos de trabajo.

Todos los días, y sólo después de hacer la tarea, yo corría al taller, ayudaba a limpiar un poco el changarro y el *maestro* Tomás me permitía fabricar algún carrito que hiciera juego con mi apodo, utilizando la pedacería de madera que sobraba de la fabricación de muebles.

En mi bolsa nunca faltaban una resortera, canicas o una pelota medio inflada con la que jugábamos en el Llanito, una hermosa alameda en la que organizábamos cascaritas de fútbol, hasta en los días de lluvia; lo importante era jugar, mojarte y embarrarte de lodo, nada nos lo impedía. Puedo decir que nunca me aburrí, siempre tenía algo que hacer, y cuando el tedio intentaba hacer de las suyas, siempre podía ir de nuevo a ver pasar el tren desde el asta de la bandera de la escuela vieja, que un día fue de la hacienda.

Recuerdo una tarde en la que admirábamos el convoy de hierro surcando la ciénega de Zacapu cuando, ante nuestros ojos, se dispararon vagones en todas direcciones: habíamos presenciado un descarrilamiento que se volvió un acontecimiento durante semanas, pues no perdimos detalle del rescate del accidentado ferrocarril.

Las grandes atracciones llegaban una vez al año y había que ingeniárselas para conseguir 5 pesos para la entrada al circo que, con su vieja carpa, se instalaba en la Alameda. Yo me ofrecía para hacer mandados, desgranar maíz, hacer aseo y hasta alimentar a los marranos del abuelo; no podía perderme la primera función. Era maravilloso ver cómo la magia y la fantasía se mezclaban con la realidad y cómo nuestro aliento quedaba suspendido junto a los trapecistas. Era una fiesta que empezaba en la tarde con el tradicional desfile de hombrecillos con vestimenta de colores festivos y cara pintarrajeada. Para deleite de los grandes, las hermosas bailarinas recorrían las disparejas calles de Tariácuri, de la misma manera que sucede en casi todos los pueblos, pues el circo y sus atracciones, con todo y una vieja y peligrosa rueda de la fortuna, operada por un personaje apodado Chango León, porque tenía cara de chango, y como no se bañaba, olía como el rey de la selva.

Yo no sueño de noche, yo sueño todos los días, sueño para vivir.

-Steven Spielberg

Al final de cuentas, no hay reclamo para los Reyes Magos o para el Niño Dios, porque lo que realmente me dieron fue la imaginación y combustible para que el Carrito siguiera rodando.

Cuando iba saliendo del cascarón, como decimos en el rancho, deseaba ser grande para ir a la escuela y, a la mera hora, no quería levantarme, pero el grito amenazante de mi madre me ponía en pie: «¡Es la última vez que te aviso!».

Mi escuela primaria fue la Alfredo B. Bonfil, situada más o menos a un kilómetro de nuestra casa, distancia que debíamos caminar cada día, como si ir a clases fuera una peregrinación incomprendida hacia la ciencia del universo. En aquel entonces no se acostumbraba que tu mamá o tu papá te llevaran a la escuela en coche; afortunado eras si tenías una bicicleta vieja o un potrillo chaparro y flaco, que más bien parecía un perro grande. El recorrido a la escuela era una aventura de esquivar charcos y el lodo chicloso que había dejado la lluvia de la noche anterior, era ir descalzo o, a veces, con los zapatos rotos. Mi tío me decía que los agujeros en la suela del zapato eran conexiones con la Tierra, y qué razón tenía, a pesar de que alguna piedra nos hiciera saber que la vida tiene sus pesares.

Para ir a la secundaria tenía que caminar una hora hasta llegar a La Escondida, un poblado vecino donde está la Escuela Secundaria Técnica Número 50, cerca de una popular tienda de abarrotes llamada El paso del norte, a la que nombraron así porque se encuentra cerca de la parada de autobuses y, durante la época de los braceros, aquél era el escenario donde las familias se despedían de los hombres que se marchaban en busca del «sueño americano»; ahí se hacían promesas de regresar, que no siempre se cumplían; ahí comenzaba el norte para los que se iban y para los que se quedaban.

En la secundaria, mis clases eran agropecuarias, de porcicultura y apicultura; nos enseñaron a tener una hortaliza, cómo alimentar a los animales o cómo operar un tractor. En nuestro entorno, no se experimentaba un interés específico por hacer una carrera distinta a la que correspondía a lo tradicional. Es natural que en zonas rurales la educación sea propia de las labores del campo.

En la prepa, esa que nos *pre-pa-ra* y habilita para acceder a la universidad y seguir una carrera profesional, hice dos intentos, pero, a decir verdad, me costaba concentrarme en los estudios, era distraído y siempre andaba en la nube, tanto que debí pasar del Carrito al Avión. Tenía muchas ideas y mi capacidad emocional estaba en algo más. A temprana edad dejé los estudios porque tenía otras aspiraciones, aunque no muy claras. ¿Quién, en su sano juicio, le pide a un adolescente que a los 16 años tenga una idea clara de su futuro?

Hoy, puedo decir que disfruto del sueño de sembrar y cosechar, pero estoy consciente de que hubiera sido mucho más fácil de haber seguido los estudios.

En este mundo, hay dos clases de gente: los ricos muy pobres y los pobres muy ricos.

-Vicente Fernández

En las pequeñas comunidades, nunca escasea el hambre y es muy común que, de pronto, alguien se ausente y se esfume, y es que la pobreza y la falta de oportunidades se convierten en las principales causas de la migración. La pregunta más común y frecuente entre mis padres era: ¿cómo le vamos a hacer para sacar adelante a los muchachos?

A mi padre le encantaba el cine, no es que quisiera ser actor o director, sólo deseaba ser un pequeño empresario llevando el cine al rancho. En 1965, mismo año en el que nací, él solicitó un préstamo en el sindicato de la fábrica en la que era obrero (Celanese Mexicana), y con otro dinerito de mi tío Manuel, su hermano mayor, compró un equipo para cine que consistía en un pequeño proyector para películas de 16 milímetros, un micrófono y un parlante. Alquiló un par de películas —*Los cañones de Navarone* y *El asesino invisible*, con el Santo— y *¡taráaan!*, ya había cine pueblerino en Tariácuri, lo bautizó como Cine Hidalgo, que al principio era un corralón con bardas de adobe a cielo abierto; contrario a los hombres lobo, la función era mejor si no salía la luna.

El lugar era pequeño, cabían unas sesenta o setenta personas. El público llevaba sus propias sillas; a la entrada, los asistentes recibían un palo, por si alguna rata se colaba sin pagar la entrada (esto fue una broma del ingenio de algún malaleche, pero más vale prevenir). La pantalla se hizo con sábanas que mi madre bordó con su vieja máquina de costura marca Singer, de las de pedal; era milagrosa la manera en la que mi viejita sacaba prendas de cualquier retazo de tela, y así, con ese rosario de milagros, la pantalla le quedó perfecta. Ella también se encargaba de la venta de boletos.

Con el tiempo, el cinema, es decir, el corralón, se techó con láminas de asbesto y se acondicionó con unas duras bancas sin respaldo hechas de la madera de los durmientes obtenidos de las vías de ferrocarril que pasa frente a nuestra casa. Así, una vez más, el tren puso su granito de arena para sacar a Tariácuri de la aburrición.

La calidad de imagen de la proyección era más o menos y el sonido un poquito menos.

Había función sólo los sábados: dos películas, casi siempre en blanco y negro, por dos pesos. Nuestro cine tenía la modalidad de «probadita», que era un corto de diez minutos con alguna escena de mucha acción que se reproducía una hora antes para dejar picados a los que estaban indecisos de comprar un boleto. El proyeccionista —cácaro— era mi padre, quien también la hacía de anunciador o locutor, su frase favorita era: «Hoy se presenta una película con acción de principio a fin, no te la puedes perder». El cácaro del Cine Hidalgo tenía una voz potente y aguda, digna de la magia de las películas; yo sentía que reventaba las bocinas. El micrófono Dynamic, era cómplice del estilo convincente de mi padre, que susurraba en los oídos la promesa de qué tan divertidas o emocionantes serían las películas.

Era clásico seguir el rollo a los malhumorados que gritaban «¡Buuuuuuuu! No me cortes la película, cácaro ratero». Esa rechifla me molestaba mucho.

«Cácaro» es un grito de impaciencia y molestia para que el proyeccionista arregle la cinta, enfoque la proyección o corrija el sonido de la película. Cuentan que el grito se originó en la ciudad de Guadalajara, alrededor de 1909. Don José A. Castañeda, un empresario de cine, contrató como proyeccionista a Rafael González, quien de joven había sido atacado por la viruela y quedó con marcas en la cara. La palabra «cácaro» viene del vocablo purépecha *cacarani*, que significa «llaga reventada» y derivó a «cácaro» o «cacarizo», para definir a las personas que tienen cicatrices en el rostro. Rafael se quedaba dormido durante la función y no cambiaba el rollo de la película, provocando que le gritaran: «¡Cácaro, cácaro!». Con el tiempo, el peyorativo se convirtió en parte del ambiente de los cines. Entre los protagonistas de esa época se encontraban: Pedro Infante, Mario Moreno «Cantinflas», María Félix, Pedro Armendáriz, Ignacio López Tarso, mi padre, mi madre, Tariácuri y la luna que miraba sin pagar boleto.

Al terminar la función, casi a la medianoche, había que caminar medio kilómetro de regreso a la casa, entre callejones oscuros. Juntos, como hormigas, seguíamos al líder: mi padre. Él cargaba el proyector, como quien se sabe portador de una reliquia sagrada que acaba de obrar maravillas; mi hermano mayor transportaba el tocadiscos, orgulloso de ser el primogénito de aquel mago, y el resto se repartía entre los chiquillos felices de ser actores secundarios en el espectáculo de la noche.

Ah, pero había un artefacto al que alguien ingeniosamente llamó el Pesadito; al principio nadie quería llevar el artilugio que seguramente no era de buena calidad, hasta que nos dimos cuenta de que estaba calientito. Al desconectarlo seguía manteniendo la tibieza, y portarlo se convirtió en un lujo. No era otra cosa que un regulador de corriente un poco más grande que una caja de zapatos, y en las noches gélidas de Tariácuri era reconfortante abrazarlo y sostenerlo en la panza como contrapeso para el miedo que provocan las famosas leyendas de espantos narradas por los abuelos.

Hoy siguen frescos los recuerdos de haber vivido la magia del cine de pueblo, que en esa época significaba más que ver una película. Era un ritual.

El Cine Hidalgo era punto de encuentro de las familias que, mientras disfrutaban de la función, hacían que se escuchara el crujido de los cacahuates, chicharrones, tostadas y muéganos de la vendimia de mi abuelita.

Yo creía que para mi papá todo iba bien, pues tenía su empleo en una fábrica y un ingreso adicional de las pocas ganancias del cine, pero en realidad él estaba insatisfecho, inconforme e intranquilo; creo que siempre tuvo el deseo de ser alguien importante. «¿Qué hacemos aquí?», se preguntó una y otra vez; así que un día dejó el empleo de obrero, suspendió la función de cine y, sin que el miedo lo detuviera, don Miguelón, como le dicen, agarró un cambio de ropa, unos cuantos pesos, y con la bendición de sus padres subió al tren rumbo al norte; su destino era el lugar que hasta ese momento sólo había imaginado: Estados Unidos. Ahora nos tocaba a nosotros despedirnos en aquella parada de autobuses, junto aquella tienda Paso del Norte, cerca de mi escuela secundaria en la que nos enseñaban a trabajar el campo o quizá nos convencían de ir hacia el norte.

Mi padre es el cómplice y culpable del amor que le tengo al cine, a la radio y al trabajo. Apenas cumplí los 11 años y ya parecía chicle, siempre pegado a él, creyéndome su asistente de confianza. Yo metía las narices en todo lo que a mi edad me permitía: ponía en orden los rollos, barría la sala de cine que era de tierra sin cemento, montaba el equipo de sonido y me emocionaba al verlo hablar en el micrófono. Cuando partió, a su aventura, me dolió mucho, no podía comprender por qué me dejaba sin cine, me quitaba la única y más grande diversión que tenía en ese entonces, como en *Cinema Paradiso*, de Giuseppe Tornatore.

A principios de la década de los años setenta, aparecieron los primeros televisores en el pueblo; contadas con una mano eran las familias que tenían el novedoso aparato en sus salas. Mi tío Manuel, hermano de mi padre, fue uno de los privilegiados; sin invitación, en las tardes llegábamos a su casa y, sentados en el piso de la sala comedor, veíamos caricaturas, películas, series y hasta novelas. *El planeta de los simios, El hombre de la Atlántida, Las calles de San Francisco, Kojak, Hawái 5-0*, entre otras, eran las más populares, todas en blanco y negro, aunque poco después mi tío Chepe recomendó algo que parecía increíble: prometía convertir la televisión en blanco y negro, en una a color; ninguno sabíamos donde estaría la lámpara maravillosa que hiciera surgir el color. Mi tío pondría un plástico más o menos rígido delante de la tele, entintado con un degradado de colores —arriba azules, en medio rojos y abajo verdes. Así conseguiría el milagro de la televisión en tecnicolor.

Recuerdo con gran afecto que en casa de mi abuelo había otra novedad: un aparato de radio en el que escuchaba las radionovelas de la época. Las voces y sonidos aún siguen vivos en mi memoria; las historias melodramáticas me cautivaban con los relatos de superhéroes, amor, odio y pasión, como *Kalimán, el hombre increíble; Porfirio Cadena, el ojo de vidrio y Chucho el Roto*. Las radionovelas tuvieron su origen en Cuba, pero México y Colombia se destacaron por sus grandes producciones, que hoy se siguen escuchando en alguna emisora de amplitud modulada. Las narraciones me trasladaban a lo más recóndito de aquellos guiones de fantasía.

Todo era novedoso y emocionante; sin embargo, yo extrañaba al mago del Cine Hidalgo.

Verdad de Dios que la vida puede ser de otro modo.

-Ernesto Gómez Cruz en *Los Caifanes* (1967)

Mi padre se fue de bracero. Salió de Michoacán hacia la parada obligatoria en Empalme, Sonora, dónde, lleno de ansiedad, se apuntó en la fila de reclutamiento y contrataciones, pero llegó tarde, así que lo mandaron a Hermosillo, pero ahí también las contrataciones se habían agotado.

Sin dinero y con hambre, Miguel Hidalgo subió a un tren de carga —el primero que pasó— y regresó hasta Irapuato, Guanajuato, tal como lo hacen los inmigrantes centroamericanos en la Bestia. Amarrado con su cinturón para no caer si se quedaba dormido, viajó *de trampa* por más de una semana, cruzó todo el Pacífico, todo el desierto, todas las barrancas, todos los túneles que conectan a Jalisco y Nayarit; comía una vez al día, en alguna parada, un taco que le regalaban las familias o las autoridades, nada especial, sólo algo que sosegara el hambre.

Algo malo debe tener el trabajo o los ricos ya lo habrían acaparado.

-Cantinflas en *Ahí está el detalle* (1940)

Don Miguel era un viejón de fierro, en una nueva incursión hacia el norte, se hizo acompañar por Manuel, su hermano mayor, y en Irapuato pagaron la *mordida* para que los pusieran en la lista para un segundo intento. Ya contratados, llegaron a la frontera, cruzaron por Calexico y se montaron en un viejo camión de pasajeros con asientos de metal y sin aire acondicionado: inhumano el sacrificio, era verano y las temperaturas alcanzaban los 100 grados Fahrenheit (más de 37°C). El recorrido empezó en pleno desierto y siguió por el Valle Central, hasta llegar a Stockton, en el norte de California, donde fueron instalados en una galera poco adaptada para los trabajadores agrícolas.

Mi padre fue un eslabón en la larga cadena de braceros quienes, tolerando la nostalgia, dejaron a su familia atrás. Ser bracero o jornalero consistía en enfrentarse a lo inimaginable, a lo que no se dice cuando se romantizan estas travesías, pero él nunca volteó hacia atrás, iba siempre para adelante, erguido como un roble, metiendo en un morral sus sueños y recorriendo el camino viejo al «país de las oportunidades». Los hermanos Hidalgo aguantaron condiciones inhumanas para anclar la inmigración que hoy tanto fortalece a este país, fueron los primeros que con sus desgastadas manos nos abrieron camino piscando fresa, manzana, durazno, limón, naranja, apio, lechuga y todo lo que se sirve en las mesas de los racistas que atacan a los inmigrantes que lo único que buscan es una vida digna.

Braceros, ídolos a los que les tocó entrar a un cuarto en el que les quitaban la ropa e inhumanamente los rociaban con DDT y Aldrín, un polvo blanco que se usa como insecticida, según para quitarles las pulgas y los piojos; salían de ese cuarto como ratones de panadería, pero no se rajaban.

Cuenta la historia que los panoramas eran desoladores en los campos de reclutamiento, miles nunca regresaron a su tierra y muchos se convirtieron en héroes desconocidos.

Mientras la mayoría se enfocó en aplaudir el esfuerzo y el sacrificio de nuestros hombres trabajadores, muy pocos voltearon a ver a las miles de mujeres que se quedaron en lo irreal de la realidad y no hubo de otra más que aprender a partir leña sin ensuciar sus faldas, a ordeñar vacas y a arar la parcela sin descuidar la educación y la protección de sus hijos, además de coser, lavar y preparar los alimentos. Era más grande la carga de ser padre y madre que aquel resfriado o dolor de cabeza que pudieran sentir.

La migración es un acontecimiento en el cual no sólo participan las personas que cruzan físicamente la frontera, también implica a los que se quedan en el lugar de origen, en donde se desarrolla una transformación de los hijos y la mujer tiene que cubrir todas las necesidades y demandas.

Dicen que una madre puede tomar el lugar de todos, pero nadie puede tomar su lugar. Nosotros, como hijos, teníamos que adaptarnos a vivir sin padre y mi mamá sin su esposo, a quien, en esa época, sólo veíamos unos cuantos meses.

Las mujeres de los braceros cuentan que sus maridos nada más regresaban a embarazarlas. Las cartas llegaban muy de vez en cuando y ellas esperaban que trajeran un mensaje de esperanza; en ocasiones, incluían un cheque de unos cuantos dólares. Mi madre tenía que hacer magia para administrar el dinero entre el sustento y el ahorro en la cuenta de banco. En realidad, mi mamá vivía aterrada porque debía ser proveedora y responsable de nosotros y nuestra educación. ¡Hizo lo que pudo con lo que tenía! Y fue suficiente porque lo hizo con amor.

El programa *Bracero* inició en 1942, debido a la falta de mano de obra causada por la Segunda Guerra Mundial. Estados Unidos y México firmaron un convenio de contratación de origen. Se estima que 4.6 millones de mexicanos participaron, la mayoría eran analfabetas y venían del campo; los primeros entraron por California, poco después se extendió a todas las fronteras con Texas. Los conducían de la misma manera que se transporta al ganado, les quitaban diez por ciento de su salario, el cual debía ser reembolsado en México. Ese dinero no llegó a sus manos, hasta que, en el 2001, por reclamos de activistas defensores de los derechos y presión del gobierno de Estados Unidos, el presidente de México accedió a regresar ese capital, mediante una tarjeta de identificación que certificaba haber sido un bracero. Sólo cuarenta mil personas fueron indemnizadas. La economía de Estados Unidos ha crecido gracias al esfuerzo

¿Quién recoge la cosecha, construye y hace la limpieza?

-Joan Sebastian

de muchos mexicanos y de migrantes de todo el mundo, mal pagados y peor tratados. Ahora, hasta la economía mexicana se provee de oxígeno gracias a las remesas que los braceros mandan a sus casas.

En 1972, a mi padre le otorgaron su tarjeta verde, *green card*, que le daba derecho de vivir y trabajar permanentemente en Estados Unidos y le concedía la libertad para aventurarse a donde fuera mejor remunerado, así fue como aceptó la invitación de unos amigos para trabajar en el estado de Illinois. Donde había chamba, ahí estaba mi papá, nunca decía que no.

Llegó a casa de los Aguilar, unos paisanos del rancho, personas ya establecidas en el país; lo acomodaron en cualquier rincón —uno se conforma y es agradecido. Enseguida, Poli Jiménez, otro paisano, lo recomendó para un empleo en una compañía de mantenimiento ferroviario, en el *traque* de la Burlington Northern, donde fue contratado durante un par de temporadas para reparar los caminos de hierro. Las jornadas eran largas y pesadas, cuando lo llamaban debido al descarrilamiento de algún tren, debía prepararse física y mentalmente, porque pasaría semanas lejos de casa, pero valía la pena ese sacrificio, ya que sus compensaciones eran mucho más gratificantes que lo pagado en los campos de California. Tenía turno de ocho horas, pero por las emergencias sumaba muchas extras, que eran pagadas como tiempo y medio: le salía bueno el cheque, lo que le permitió ahorrar y regresar a Michoacán. Ahí, se hizo de una tierrita y le sobró para comprarse un carrito usado.

Existe una energía trascendente en cada uno de los actos.

Teníamos como vecino a un refunfuñón que, por alguna razón, no le caía bien a mis primos y hermanos; una noche, ya casi cuando terminaba el día, nos ganó la travesura e hicimos nuestras necesidades en unos papeles que, acto seguido, lanzamos contra su pequeña camioneta. Para sorpresa de todos, la siguiente mañana, mi padre nos levantó muy temprano para lavar la *troca* Datsun, que el día anterior le había comprado al vecino.

A veces no hay próxima vez, es ahora o nunca.

Don Miguel era firme en su convicción. Cuando se acercaba la temporada de regresar a Estados Unidos, recordaba las palabras trilladas de la gente del pueblo: «Ya vas otra vez a barrer dólares». En 1975 se encontró con un amigo que le recomendó:

—Miguel, vete hasta Alaska, allá pagan tres veces más y sólo vas a trabajar seis meses.

Mientras en California el salario mínimo era de 2.75 dólares por hora, en Alaska pagaban de 13 a 15; esto lo entusiasmó, pues una me-

jor compensación le permi-
tiría regresar a casa con sus
hijos durante el invierno.
Sin miedo al trabajo y al
frío, agarró una chamarra
de mezclilla con forro de
borrega —la única—, muy
sencilla para aguantar el clima gélido del Polo Norte y,
sin importar que la prenda
no fuera rival para aquel
clima, tomó un autobús a

Tijuana, cruzó la línea, y de la misma manera, en un Greyhound, viajó
hasta Seattle, Washington; con boleto en mano abordó un avión que,
después de dos horas y media, aterrizó en Anchorage, Alaska, sorprendido de que eran las doce de la noche y todavía con la luz del día. Mientras tanto, en Michoacán, la familia Hidalgo rezaba y se preguntaba si
ya habría llegado, si estaría bien. No había respuesta, Miguel no podía
comunicarse de manera rápida, pues nosotros no teníamos teléfono,
lo único a nuestro alcance era rezar y pedir a la Virgen de Guadalupe.

La espera por la correspondencia fue eterna, a diario veíamos venir
el cartero, que parecía eludir a propósito nuestra casa para que ya no le
preguntáramos. Finalmente, la primera carta llegó, dos meses después.

Mi papá cuenta que conseguir una chamba no fue nada fácil; muy
temprano se plantaba en la puerta de la agencia de colocación, era el
primero y el último en retirarse, incluso le querían cobrar por el café
de cortesía. Al siguiente día lo mismo, y así durante más de dos meses,
hasta que un día el despachador lo llamó, mi padre dijo a un amigo que
lo ayudara con la traducción, porque su inglés era de nivel de *excellen-
teishon*:

—Dile a tu amigo que hay una vacante, pero son sólo cuatro horas. Le advierto que este trabajo es muy pesado, ya hemos recomendado a varios y nadie aguanta.

Mi padre aceptó y al siguiente día, a las siete menos diez, se presentó en la empresa de materiales para construcción. El mayordomo lo vio de arriba a abajo, era un americano con pinta de buen patrón, le apretó los músculos del brazo y dijo: «*very good*, tú muy *strong*».

Ese día, Miguel Hidalgo y un compañero acomodaron rápidamente un poco menos de ocho mil bloques de concreto en plataformas de madera. Mi viejo conservó su puesto en la empresa constructora Anchorage Sand & Gravel durante diez años, y sus viajes de empleo en Alaska se extendieron desde 1975 hasta 1985, cuando decidió retirarse y quedarse en México, viviendo de sus ahorros y su pensión muy bien ganada.

Mi padre nunca llegaba de sus viajes con las manos vacías, su arribo era todo un ritual. Por ahí, después de la tercera semana de septiembre, vigilábamos por la ventana a los carros que venían a lo lejos, por el camino de los paredones —así le decían al callejón De la Loma que era de terracería. Adivinábamos si la polvareda levantada pertenecía al taxi en el que venía mi padre. Tras su llegada, y después de abrazos de bienvenida, hacíamos un círculo, sentados en el suelo, como si fuera fogata de indios, en el centro quedaba el protagonista: un costal de color verde lama, de esos que cargan los soldados cuando voluntariamente se enlistan para ir a la guerra; en ese saco, mi padre traía esperanza, alegría, ilusión, una chamarra, una camisa, un pantalón, un vestido y una historia por contar, todo era de segunda —menos la historia—, pero para nosotros todo parecía de aparador mientras nos tocara algo —lo que fuera—, pues venía del norte.

Durante los siguientes días, escuchábamos las aventuras y anécdotas de Miguel Hidalgo en Alaska, todos maravillados al ver las fotos y postales que traía consigo. A esa edad, todo era fascinante y la fantasía nos victimizaba, soñábamos con la aventura de algún día estar en «la punta y lo alto del mundo» de la cual se hablaba y se leía. Papá nos contaba sobre peripecias mientras nos mostraba postales del río Yukón, o de la excursión en tren a la orilla del Denali y la montaña McKinley, que es una de las más altas de Norteamérica; nosotros incrédulos, escuchábamos sobre la experiencia de ver las impresionantes luces polares, que son un esparcimiento de la aurora boreal.

Alaska es el estado número 49 de la Unión Americana, y este territorio fue comprado a Rusia por una ganga de tan sólo 7,500 dólares, en 1867. Así son los tratos de Estados Unidos, si no me creen, pregunten por la oferta en la que se hicieron con Texas y lo que pagaron por California.

Recientemente tuve la oportunidad de llevar a mis padres en un crucero para que pudieran ver y disfrutar de Alaska desde otra perspectiva, la del turista. Mi madre, maravillada, contemplaba con el aliento contenido la belleza de los glaciares y paisajes nunca vistos; como niña, brincaba de gusto al ver a las ballenas juguetonas en las gélidas aguas del Ártico. Viajamos en tren explorando la belleza de la geografía y nos adentramos en la fascinante historia y cultura de los nativos. Ella siempre deseó acompañar a mi padre en sus viajes de trabajo, pero tuvo que quedarse atrás, en donde se es invaluable, cuidando y protegiendo a sus hijos; sin embargo, parte de su corazón siempre se iba en la maleta de mi padre, por eso fuimos hasta allá, juntos, como en realidad siempre estuvimos.

Mientras seguíamos el recorrido en crucero, mi padre y yo nos enganchamos en una larga y amena charla recordando anécdotas vividas en los años que estuvo ahí y, con un poco de melancolía, recordó a todos los amigos que dejó por esas tierras y en todo su paso del norte.

Cácaro

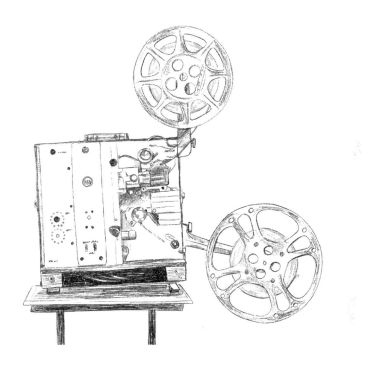

Si mal no recuerdo, la infancia consistía en tener ganas de aquello que no se podía conseguir.

Al volver mi padre de su ausencia por trabajo, reanudaba las funciones del Cine Hidalgo —¡qué emoción! Yo, aún pequeño, inquieto y soñador, veía en mi padre al héroe sin capa, al maestro en lo práctico y lo real; a medida que iba creciendo aumentaba mi conocimiento, observaba y luego preguntaba: «¿Qué significa tecnicolor?», y obtenía respuesta. Mi mente tenía una curiosidad desbordada y lo quería saber todo. «¿Qué es un largometraje?». «Eres muy metiche», respondía mi padre, quien tenía que cargar una dosis infinita de paciencia.

Miguel Hidalgo, con unos ahorritos, pudo reconstruir el cine, y aunque mi labor era sólo arrimar ladrillos, mi participación en el nuevo proyecto estaba llena de significado. «Nuestro cine tendrá techo, piso de cemento y sillas con respaldo», éstas últimas fueron compradas en una vieja carpintería en la sierra purépecha, cerca de Uruapan. La exhibición ahora sería dos veces por semana, las de estreno los sábados y clásicas los martes: yo estaba realmente emocionado porque ahora serían dos noches de deleite cinematográfico, aunque fuera desvelado a la escuela al siguiente día.

Fue entonces cuando hizo clic en mi cabeza que la primera oportunidad de hacer algo que realmente me motivaba estaba llegando a mí: planeación, logística, negociación de alquileres, programación, promoción, producción y administración de un cine. Durante los años que mi padre pasó en Estados Unidos, no había quién se encargará del pequeño negocio; mis hermanos mayores lo intentaron, pero creo que no les pareció interesante y prefirieron ir a probar suerte en California. Mi papá, debido a mi corta edad, no concebía la posibilidad de que yo pudiera con tan grande responsabilidad, sumado a que por su rectitud tenía que cuidar mucho su reputación e integridad; eso es algo que siempre le he admirado a mi padre.

Llegué a la adolescencia y me gustaba ir a los eventos o fiestas que raramente se hacían en el rancho, éstos despertaron en mí otras inquietudes. Colaboraba con los organizadores, asistía barriendo, acomodando equipo, colgaba el cable con focos para medio alum-

Debes hacer las cosas que crees que no puedes hacer.

brar la pista, lo que me dejaran hacer. Ponía especial atención cuando hacían la instalación de equipo de luz y sonido, que no era otra cosa que un par de viejos tocadiscos y dos cajones hechizos con bocinas, propiedad del tío José, hermano mayor de mi madre, quien era contratado como animador de fiestas patronales, cumpleaños, bodas y bautizos; entre sus cosas, traía una caja con discos muy bien organizados, la mayoría acetatos de 45 revoluciones por minuto, de los del lado A y B, que casi siempre la del lado B era la mejor; su repertorio estaba en el orden cronológico para tocarlo durante el guateque, su objetivo era mantener un buen ambiente. ¡Eso me imagino! Cuando alguien requería de sus servicios, aprovechaba para preguntar qué tipo de música querían y cuáles eran sus favoritas, para incluirlas durante la celebración, a eso hoy en día le llamamos *research*; entonces los artistas de moda eran La Sonora Santanera, Los Sonor's, Los Baby's, Acapulco Tropical y el tamaulipeco Rigo Tovar, quien apenas ganaba fama y no imaginábamos que se convertiría en el padre de la música grupera.

La tardeada empezaba con música tranquila y, a las ocho de la noche, entraban las canciones de «polvareda», con las que mi tío ponía a bailar hasta el guajolote más rejego, en aquella dispareja cancha de basquetbol. En ocasiones, el baile era amenizado por algún grupo musical, como la orquesta Imperial de Villa Jiménez, La Batalla de la Angostura o la de los hermanos Maya de Naranja de Tapia, quienes, por cierto, eran contratados sólo cuando se casaba alguien pudiente.

Dentro de un año es posible que desees haber empezado hoy.

Aunque ayudaba a mi tío con su *disco* móvil, yo también pensaba en lo mío, sólo que no identificaba un punto de partida. Me encantaba trabajar y quería ganar mis propios centavitos; no podía pedir dinero a mi madre para los dulces, y aunque quisiera, ella apenas completaba para el gasto. De chamaco fui un humilde vendedor de todo, me iba los domingos a la cancha de futbol y, durante el partido, ofrecía naranjas partidas en cuatro, con sal y chile piquín, por un peso; fui paletero empujando el carrito por las calles disparejas mientras gritaba: «¡Paletas! ¡Paletas!». También vendí calcetines de casa en casa que mi tía Sara, hermana de mi padre, traía desde Guadalajara. Todos eran pequeños negocios de infancia, pero el más importante de mis planes fue continuar del proyecto de mi padre.

Como la curiosidad es más grande que la obediencia, por iniciativa propia busqué al proveedor de las películas, que era maestro en la escuela primaria del rancho vecino Las Colonias, me monté en la Cleta —así le llamaba a mi vieja bicicleta— y fui a esperar al profe a la hora del recreo; mi objetivo era convencerlo de que me diera un día de alquiler. Yo ya tenía 13 años. El maestro Lino miro mi entusiasmo y se quedó pensativo, después de unos minutos me dijo:

—¿Estás muy joven, ya le pediste permiso a tu papá?

—Sí claro —respondí. No estoy seguro de que me creyera.

Lo importante no es lo que uno sabe, sino qué tan rápido aprende.

—Tu papá es un gran amigo, así que cuenta conmigo —dijo

al final.

Me encontré con que reabrir el cine no era nada fácil, pues la única referencia que tenía eran los recuerdos de cada uno de los pasos que hacía mi padre; no lo sabía todo, pero tuve la inteligencia para aceptar que debía preguntar. Mi abuelo decía: «Qué inteligente es ese niño, ya hasta suelta un fierro caliente de la mano». El arrendador de películas fue un gran asesor en el proceso de echar a andar el Cine Hidalgo.

El oficio de proyeccionista no era una cosa sencilla, y mucho menos para un chamaco con conocimientos muy básicos sobre cine; requería saber algo de mecánica y de electricidad. Las películas de celuloide llegaban en rollos de hasta cuatro kilómetros que el proyeccionista debía revisar y ensamblar, pero mi falta de experiencia no me impidió desempolvar el proyector, mismo que se convirtió en un presagio de las cosas asombrosas que me pasarían en el futuro.

Llené el tanque y agarre impulso para la primera función a mi cargo, mi debut, coloqué la pantalla en la pared, colgué unas bocinas en el árbol, encendí el tocadiscos y la primera canción invadió la atmósfera: *Los dos amigos*, de los Cadetes de Linares; luego preparé

El Arracadas, con Vicente Fernández y, entre disco y disco, empecé a amenizar la tarde.

El sueño de la música era sólo interrumpido brevemente por pequeños silencios necesarios para cambiar de disco, pero no se trataba nada más de música, había que anunciar las películas, así que me persigné, pidiendo a Dios que me diera la voz para encantar a la gente del pueblo y hablé, ¡hablé por primera vez en un micrófono! Me sentí como el poeta que engarza su primer verso, como un futbolista que anota su primer gol, como quien se enamora y se mira durante un segundo en los ojos del ser amado.

Aunque estaba solo, en el rincón de un cuarto oscuro, temblando, con las manos frías y húmedas, pude conjurar la maravilla: «Bueno, bueno, aquí, probando, sonido», ésas fueron mis primeras palabras, sencillas, sin chiste, pero con magia, con futuro, con el empuje necesario de un mantra que limpia el alma para entrar en el desierto y salir iluminado.

«Hoy presentamos la película *Mil caminos tiene la muerte*, una historia donde motociclistas matan, asaltan y siembran el terror en las ciudades y las carreteras; su máximo placer es la violencia. Además, para complementar la función de esta noche, una historia inspirada en la canción de Los Cadetes de Linares, *Las tres tumbas*; tres cruces, tres tumbas, y en cada tumba, un valiente. Las películas de esta noche son de las que no te puedes perder».

Si hubiera pensado mucho lo que quería decir, quizá nada hubiera salido de mi boca; fue un acto venido desde las entrañas, desde el alma.

En la familia Hidalgo tenemos la maldición de hablar *un poco* arrastrado e incomprensible y para colmo hablamos rápido, una mala combinación. No sé si mi narrativa convenció a los oyentes, pero la función de esa noche fue un éxito. Lleno total. Descubrí el poder creador de la palabra.

Sin darme cuenta, me convertí en locutor, programador de música y, además, estaba haciendo publicidad, es decir, me encontré a mí mismo.

Con un solo proyector, la función se tenía que interrumpir para cambiar las cintas, pues cada película venía en una caja con tres rollos de aproximadamente treinta minutos de duración, la rechifla de los asistentes que abucheaban al cácaro me hacía sentir como un árbitro vendido, expulsando a Leo Messi. Ese momento de gritadera me provocaba una sensación muy desagradable; sin embargo, para mí, no hay y no habrá otro entretenimiento más satisfactorio que ser cácaro, pues eso me llevaba a honrar a mi padre, el primero y el original mago del Cine Hidalgo.

Desde ese momento, empezaron a surgir las ideas. Gracias a las rechiflas, se me ocurrió ir a Zacapu, el pueblo más cercano, y pregunté quién podría fabricar un carrete de aluminio en el que cupiera una película completa. «Vete derechito, luego le das a tu mano derecha y vas a ver una ferretería, y enfrente, está un negocio, pregunta por don Jacinto». Así lo hice, encontré el lugar y expliqué lo que quería.

Lo difícil lo hago de inmediato, lo imposible me tardo un poquito más.

-Cantinflas

Ya saben que al mexicano no se le escapa nada, todo lo arregla o lo remienda. Llevaba conmigo un pequeño ejemplo de lo que quería, el herrero se me quedó viendo y me dijo: «Sí lo puedo hacer, te lo tengo en dos días». ¡Funcionó! Así pude anunciar la gran novedad: «La película de hoy es sin interrupciones». Ahora, los espectadores podían salir en el intermedio y botanear en la dulcería Rosita, mientras empezaba la segunda película.

Cuando alguien escriba la historia completa del cine mexicano, debería dedicar un capítulo completo a las abuelas que tendían su pequeño puesto en las funciones de pueblo, ésas que tostaban semillas de girasol y pepitas, que hacían muéganos y agregaban a sus historias de vida los guiones de las películas, así como mi abuela, que le daba el sabor dulce y saladito al Cine Hidalgo. ¿Qué pensaría ella, que nació en otra época, de lo que miraba en la pantalla? Dicen que Sara García es la gran abuelita de las películas mexicanas, pero para mí, lo era mi abuela Rosa.

Mi abuelo era el vigilante, iba envuelto en un gabán para aguantar el frío, se sentaba junto a la puerta de la entrada de la improvisada sala de cine y, de vez en vez, se daba una vuelta por el pasillo del cine. En ocasiones, cuando exhibía una película de artes marciales, se acercaba y me decía de broma: «Ájale, Juanillo, ahora sí trajiste una de *carácter*», para referirse al karate.

¿Hasta dónde quieres llegar?

El cine me entusiasmaba, pero me sentía insatisfecho por el alcance del pequeño negocio y el limitado número de personas que podían entrar a una función; para hacer crecer las ganancias debía pensar en grande. Entonces dimos el siguiente paso: convertir el cine en ambulante y llevarlo a los pueblos vecinos. Hicimos acuerdos con los encargados de los salones rurales y en una pequeña camioneta medio destartalada llevamos la diversión a otras comunidades.

Primero fue en un rancho vecino conocido como La Virgen, que está *en corto*, como a 2 kilómetros; ahí presentábamos un doblete con Tariácuri: película que empezaba allá, finalizaba acá. El puente de La Yerbabuena está a mitad de camino entre ambas poblaciones y era el punto de encuentro en el que dos veloces ciclistas intercambiaban rollos, eran tan puntuales, que cualquier reloj suizo los habría envidiado con la sincronización, eran como los corredores que llevaban el pescado fresco a los grandes tlatoanis de Tenochtitlán, eran como dos ángeles al servicio del dios de los cinéfilos, eran las piernas del cácaro que evitaban la rechifla.

Cuenta una leyenda de nuestras rancherías que, por las noches, en ese puente salía un gato montés, y esto provocaba cierto miedo entre los emisarios del Cine Hidalgo, pero como el tiempo apremiaba, el gato montés tendría que esperar para otro momento en el que los de a pedal no tuvieran prisa.

Ya impulsado por la emoción, decidí negociar las películas directamente con la distribuidora en Morelia. Todos los viernes tomaba un camión Flecha Amarilla —el que saliera primero— rumbo a la capital michoacana. Las oficinas de alquiler abrían a las 10 de la mañana, yo como estaba ahí desde temprano, aprovechaba para hacer un recorrido por la ciudad; lo primero era un desayuno en el mercado: menudo, carnitas, un taco de birria o unas enchiladas placeras, lo que pidiera el antojo.

Ya con la panza llena, iba a gastar la suela de mis viejos tenis Puma en un paseo por las calles con edificaciones de cantera rosada. La caminata obligada pasaba por los portales, los museos y, por supuesto, el acueducto. Al pasar por la Universidad Michoacana de San Nicolás de Hidalgo, más de una vez me imaginé estudiando ahí.

Otra parada obligatoria era ver las carteleras de los Cines Gemelos de la organización Ramírez, fundada en 1971, que aún existen en la calle Santiago Tapia del centro histórico y que derivaron en el imperio llamado Cinépolis, la empresa de salas de cine líder de la industria en México y Latinoamérica y es la operadora de salas vip más grande del mundo.

En las calles de Morelia es posible conocer a personajes y personalidades que siempre identifican a un pueblo mexicano, desde el loco, el pordiosero, el de las revistas y periódicos, el bolero y el elotero, hasta los porteros. Todo eso es parte del patrimonio de una cultura imperdible.

En la distribuidora forjé una buena relación con el gerente de películas nacionales, quien era un cascarrabias de muy pocas pulgas. Mientras me atendía, cultivaba amistad con todos los trabajadores, incluyendo a don Sebastián, el encargado de la bodega, era un personaje, simpático, cortés y servicial que sabía mucho de cine y de proyectores.

Creo que ahí veían con agrado que alguien de mi edad mostrara tanto interés. Yo era un chiquillo apasionado por el cine. «Llegarás lejos», me dijo alguna vez don Sebas. Su amistad me sumo ciertas preferencias; guardaba las películas de estreno para mí y secretamente me informaba de las novedades que estaban por llegar, si tenía dudas sobre equipos de proyección y sus funciones, él tenía la respuesta.

Con el tiempo fui haciendo amigos del ramo y creció mi interés. Aunque el cine no era un gran negocio, con las pocas ganancias podía contribuir con los gastos de la casa, pero lo que más feliz me hacía era que mi madre ya dormía más tranquila.

Rindo homenaje a esa mujer que por nosotros dio todo, todo, absolutamente todo.

Mi mamá ahora vive feliz en sus recuerdos, le doy gracias a Dios que la demencia se llevó los malos momentos y tristezas.

Cuando mi papá regresaba al norte, ella parecía quedarse en pausa por un tiempo, debía ser fuerte; entre telas y costuras se quedaban sus sueños, sus miedos y la incertidumbre. Se supone que cuando eres niño no alcanzas a percibir el sufrimiento de otro, pero yo, más de una vez, escuché a mi madre platicar con alguna amiga que durante el día eran más llevaderas las preocupaciones; sin embargo, que las noches eran eternas. Había madrugadas en las que, sentada en la ventana lloraba durante horas. Estoy seguro de que muchas veces soñó con que un día llegaría una carta en la que su marido le diría que la amaba y la extrañaba, pero dicen por ahí que los sueños, sueños son.

Mi papá nunca anunciaba la fecha de su regreso a casa y esta vez se había tardado más de lo normal. Aunque yo estaba consciente del tema controversial, tomé la decisión de programar una cinta dedicada al oficio más viejo del mundo: la prostitución. *Las ficheras,* incluía semidesnudos y, para la mentalidad de un rancho, esas eran películas para adultos.

Más vale pedir perdón, que pedir permiso.

De repente, mi papá llegó de Alaska. Las puertas para la función de esa noche se abrían a las 7:30 p. m. El filme prometido había causado expectativa; una larga fila de asistentes ya esperaba en la puerta, por supuesto, todos eran hombres. ¡Exitazo! Abarrotaron la improvisada sala de cine. El corazón me brincaba en el pecho, pues no escaparía de una tunda con aquel cinturón de mi padre, primero por echar a andar el cine sin su permiso, y segundo, por proyectar una cinta para adultos que no era otra cosa que una sexy comedia cabaretera, pero papá sólo sonrió y me mandó a dormir.

Un homenaje sublime al cine de todos los tiempos.

En la actualidad, nadie de la familia vive en Tariácuri, quien está más cercano es mi tío Roberto, hermano menor de mi padre. Su casa se encuentra en el rancho vecino y de vez en cuando pasa a darle vueltas a la casa de mis padres. En junio del 2021, se dio cuenta de que algo extraño pasó, había un hueco en la pared de la bodeguita donde Miguel Hidalgo aún guarda sus tesoros emocionales. Inmediatamente llamó a mi padre para darle la noticia, y eso le apachurro el corazón, pues los amigos de lo ajeno le robaron su querido proyector de cine.

No sé qué me dolió más, si los invaluables recuerdos de aquel viejo aparato o las lágrimas que cayeron de los ojos de ese hombre considerado un roble, y a quien nunca había visto tan conmocionado.

Un abrazo no era suficiente para consolar a mi padre. Yo sentía una fuerte necesidad de mitigar su pena, así que me di a la tarea de buscar un modelo idéntico. Por fortuna, lo encontré en un sitio de ofertas por internet: un RCA Victor, modelo 416, construido en 1956, ¡una reliquia! Ordené su compra inmediata y llegó en víspera del Día del padre. Llegué a su casa, emocionado y un tanto nervioso, imaginaba su reacción, pero no la mía, sentía que no iba a aguantar las lágrimas, pues compartimos el mismo sentimiento por esa vieja máquina de cine.

«¡Lo encontraste!», dijo mi padre en voz alta. Reaccionó alegremente, éstos son los momentos en que nos provoca llorar de contentos. A sus 88 años pensando que era el original que le habían robado, no fue necesario sacarlo de esa duda. Un roble siempre será un roble, a pesar de lo que diga el viento.

Quizá esos ladrones pensaron que le podían sacar una buena cantidad de dinero al aparato, cuando el verdadero valor era sentimental, pues ese proyector significó la formación de emociones en mi fami-

lia, fue la máquina generadora de horas y horas de alegría y entretenimiento para mucha gente que, en esa época, no tenía la fortuna de un televisor. Ese proyector me impulsó a soñar y a convertirme en un emprendedor y creador de lo que ahora me apasiona. Hay riquezas que ningún ladrón puede llevarse.

Nuestro vecino Sabino fue un artesano del pan, se levantaba a las tres de la mañana todos los días, cuando ya se sentía el calor del horno y en el silencio absoluto

Las penas con pan son buenas.

del amanecer, a través de las delgadas paredes, se escuchaba el sonido del acordeón y bajo sexto de Los Cadetes de Linares, que ruidosamente se transmitía desde la estación de radio XEG La Ranchera de Monterrey, fundada por don Teófilo Bichara. Así se alegraba el alma el panadero Sabino, aquel amasador que ponía el corazón dando un perfil aromático al bolillo, olor que desadormece el apetito y da la bienvenida a los primeros rayos del sol. Un café y un birote son el perfecto ritual matutino para despertar la imaginación que madruga. «El santo olor de la panadería», diría Ramón López Velarde.

Durante la noche y parte del amanecer, la 1050 AM-XEG bañaba con sus ondas hertzianas casi todo el territorio nacional y el sur de Estados Unidos; uno de los programas más populares era *Los reyes del volante*, conducido por Pablo Carrillo, poseedor de una cálida voz que convencía al radioescucha y hacía que nuestra imaginación volara con cada expresión. El arraigo de la música popular mexicana, desde muy temprano, vibraba en el alma de la gente de campo, traileros y conductores de autobuses que eran los fieles radioescuchas. Así nació *La hora estelar de Discos Sabinas*, patrocinada por la casa productora localizada en San Nicolás de los Garza, propiedad de don Domingo Chávez Pérez (Disa significa Discos Sabina), que después del deceso de su fundador quedó bajo la dirección de Domingo, Patricia y Germán, sus hijos. Quién iba a pensar que con el tiempo iba a forjar una extraordinaria amistad y una excelente relación de negocios con la familia Chávez. Hoy a eso le llamo atracción del universo.

A consecuencia del alegre panadero Sabino y su música, empecé con una curiosidad y me nació la idea de ser locutor. Como pude, me compré un radio Telefunken, usado, pero servía, y comencé sintonizando diferentes emisoras durante el día: XEG La Ranchera, de Monterrey; Canal 58, de Guadalajara, con la inigualable voz de José Luis el «Chino» Arenas; XELG La Grande, de León Guanajuato, con el siempre querido y recordado locutor Lalo López; Radio Cañón, de Ciudad

Juárez, y Radio Mil, de la Ciudad de México. Una de mis favoritas era KEAD-FM Ondas de la Alegría, de Guadalajara, con el legendario locutor Guillermo Lares Lazaritt y su personaje don Justo Preciso, y, por supuesto, escuchaba las regionales XEZU Radio Caravana y XEZI La Z, que tenían programación llanera. Eran noches incansables de desvelo, así como las de Sabino.

Poco a poco fui entendiendo cómo era la locución, qué y cómo, modulando el tono de voz, hablaban de temas o anécdotas interesantes o con sentido del humor. Me atraía cómo enlazaban sus participaciones con la música, y analizaba el fondo de su mensaje, sus habilidades de comunicación y cómo conectaban con la audiencia. Me dediqué a practicar a todas horas, utilizando el viejo micrófono y los parlantes de mi padre, que también tomé sin permiso.

El secreto para hacer realidad los sueños, puede ser reducido en cuatro cosas: curiosidad, valentía, constancia y, la mayor de todas es la confianza.

-Walt Disney

Mi tío José, Chepe, el tercer hermano de mi papá, era un personaje extremadamente agradable y simpático; desde muy joven, su inquietud lo llevó a irse a Uruapan, donde radicó hasta su muerte. Tenía la Electrónica Hidalgo, era un apasionado de la lectura, fanático de las películas de James Bond y un investigador de la tecnología. De manera natural, heredó la genialidad y humor puntual de mi abuelo. Fue un hombre culto y adelantado a su época. Arriesgándose a que lo tacharan de loco, decía que un día los televisores serían tan delgados como un cuadro de pared, que los autos se podrían cargar con energía eléctrica y que una cantidad enorme de información se guardaría en una memoria de tamaño minúsculo. Definitivamente, mi tío estaba conectado en directo con el futuro.

En una de sus visitas a mis abuelos, sus papás, Chepe se percató de mi interés por la radio y me compartió información valiosa: «Ven acá, Juanillo —así me decía—, con un chasís de un viejo radio de bulbos se puede hacer un transmisor de frecuencia modulada». Su intelecto permitió que me explicara a detalle muchos de los términos técnicos hasta ese momento desconocidos para mí.

No olvidé detalle de aquella conversación, es más, me dejó muy intrigado y mi curiosidad no cesaba; durante meses visité a varios radio-técnicos para ver si sabían que se requería para una radio experimental, y una licencia como la de una radiodifusora otorgada por la Secretaría de Comunicaciones y Transportes; finalmente, uno de ellos me vendió un receptor de una vieja consola para mi proyecto.

Por obra del destino, en esos días llegó de visita un pariente de mi vecino Sabino, el maestro de los bolillos; aquel hombre se dedicaba a reparar planchas, radios y televisores. Ocasionalmente llegaba al rancho y recorría las calles preguntando si alguien requería de sus servicios, así que aproveché y le hablé del proyecto. Me comprendió a la perfección y dijo: «En mi casa tengo un manual con el diagrama para hacer ese aparato». Yo, muy emocionado, pedí que me lo prestara, y semanas después me sorprendió con el aparatejo: un transmisor análogo que no era más que un esqueleto de bulbos, transistores, diodos y resistencias soldadas que iban a un sintonizador con el que se podía elegir la frecuencia por la que se transmitiría. Como antena, utilizaría la de televisión, una de ésas que parecen arañas hechas de tubos de aluminio y que escaseaban en mi ranchito, pues sólo en unas cuantas casas tenían tele.

Ya tenía una emisora de radio aunque fuera pirata. Elegí la frecuencia 100.1 de FM: La Famosa, la bauticé. «Y ahora, ¿cómo hago para que la gente se entere?».

Empecé a regar la voz entre vecinos para que en las tardes sintonizaran mi estación y poco a poco el mensaje fue pasando entre los comunitarios. En las tardes amenizaba con programas de música: *La hora chicana* ,*Pa'l norte* y *Fresas con crema* , este último por la noche y su música era baladas de moda. En mis breves narrativas le echaba más «crema a los tacos» para diversión de los pocos oyentes y empecé a incluir anuncios locales, que decían algo así: «El sacerdote comunica que la misa de hoy cambió de horario, será a las seis de la tarde», «La carnicería de Ramiro tendrá carne fresca el sábado, ya que habrá matanza el viernes por la tarde», «La panadería del señor Sabino tendrá bolillo calientito para las tortas de papa con chile que tanto le gustan a su viejo», «Saludos a la familia García que está en plena construcción de su casa, les dedicamos esta canción,*Mi casa nueva* , de Los Invasores de Nuevo León», y, por supuesto, hacía anuncios con descripciones de las películas programadas para el sábado en el Cine Hidalgo.

Libre de pensamiento, de nacimiento soy soñador.

-Joan Sebastian, *Sembrador de amor*

Había descubierto mi verdadera misión y vocación: la radio, aunque, a decir verdad, no imaginaba mis alcances debido a mi limitada facilidad de expresión; reconozco que era poco fluido en el hablar, lo que yo hacía ahí era jugar a la radio, nada serio, formal y estructurado.

Acostumbraba a ir dos veces a la semana al pueblo, con 20 pesos en la bolsa; me subía a la «flecha» —así se nombraba al camión de pasajeros. Al cruzar la calle de la terminal del transporte urbano está el centro comercial Plaza Ruiz, ahí había dos cines gemelos, los más modernos de la región; para mí era obligatoria la visita por tres razones: intentar relacionarme con los proyeccionistas, ver alguna película de estreno y ahí estaba también la radiodifusora XEZI. Dedicaba tiempo para contemplar la cabina de cristal desde los pasillos de la plaza. Veía la mímica del locutor haciendo su programa radial; como siempre traía mi pequeño radio portátil y podía escuchar su voz mientras veía sus inflexiones y me sentaba en una fría y dura banca hecha de cemento. Me causaba mucha emoción. Al principio, a las personas de adentro yo les provocaba gracia, hasta levantaban la mano para saludarme, pero después sentí que los incomodaba que estuviera ahí acechando durante tanto tiempo, y peor aún, cuando se me hizo costumbre a ir todos los días.

Un día, la secretaria salió y me hizo varias preguntas, le confesé la razón y me invitó a conocer las pequeñas instalaciones; al entrar a cabina, me fasciné al ver la consola de grandes botones, el micrófono mágico RCA BX44, el tocadiscos EMT, moderno para la época, las cartucheras de ocho *tracks* para comerciales y la grabadora en cinta de carretes *reel to reel*. Yo apenas podía hablar, estaba impresionado.

El locutor me saludó y me preguntó si quería ser locutor. «¡Es mi gran sueño!», respondí, él sugirió hablar con el gerente, el cual no estaba presente ese día; la secretaria me pidió llenar una solicitud de empleo en la que obviamente venían preguntas relacionadas a mi nivel de educación; yo no tenía título, obviamente, debí haber puesto: «soñador».

Volví en varias ocasiones, ya tenía amistad con la secretaria, así que saludaba y preguntaba por el gerente, hasta que me recibió en su oficina. «¿Cree usted que pudieran darme la oportunidad como aprendiz?», le pregunté al gerente con la voz llena de ilusión, pero con nervios. Me miró extrañamente y comenzó con las preguntas, desde mi edad y dónde vivía, hasta llegar a la cuestión de mi formación escolar. «Solamente la secundaria», contesté tímidamente, y omití el hecho de que apenas la pasé de panzazo.

—Joven, usted necesitará estudiar Ciencias de la comunicación y obtener una licencia de comunicador, y eso solamente lo puede hacer en la Ciudad de México—. Observando algún signo interrogativo en mi mirada, agregó—: Para eso, por lo menos, debería haber terminado la preparatoria (equivalente de la *high school* en Estados Unidos).

Contraataqué proponiéndole que me dejara hacer limpieza, tirar la basura o acomodar los discos. No sirvió de nada, se opuso; prácticamente me dio un portazo en la nariz. El desaire provoco que las visitas para ver al locutor disminuyeran drásticamente.

Los alambrados

Ahora sí muchachos, a ganar muchos dólares.

-Marco Antonio Solís

Marzo de 1984. Solo contra un muro y sin respuesta alguna sobre lo que podría hacer en la vida, tenía tres opciones: continuar trabajando en el campo, regresar a la escuela para terminar la prepa y seguir mi educación de ciencias de la comunicación o, la del gabacho, como la mayoría, probar suerte como indocumentado en Estados Unidos. Éramos siete amigos que desde la infancia soñábamos con nuestro futuro y, platicando, me entusiasmé y opté por la última.

Historias de ayer, historias de hoy. La mía no es única ni la más original entre las de millones de paisanos que huyen de la pobreza y van en busca de una vida digna para su familia, porque está casi siempre negada en su país.

«Pobre México, tan lejos de Dios y tan cerca de Estados Unidos», diría Nemesio García Naranjo, aunque la frase se atribuye a Porfirio Díaz, pero ¿por qué «pobre», si siempre es bueno tener opciones? Se suele juzgar al que se va pa'l norte, pero la mayoría ha cambiado la vida de sus familias y México se nutre de las remesas; es difícil, muy duro, claro, pero cada uno sabe su historia y los motivos de sus acciones.

A veces hay que tomar decisiones que duelen y, aunque mi corazón me decía que no y mi mente decía lo contrario, empecé a echarle al cochinito para comprar un boleto de la película llamada *El norte*.

—Mamá, me tengo que ir.

Ella sabía mis inquietudes y no le extrañó mi decisión, tampoco podía detenerme porque mis ganas eran más grandes que mis alas para volar; sin embargo, era su obligación alertarme del peligro:

—Hijo, estás muy chico para aventurarte.

No me pudo persuadir ni sofocar mis intenciones, así que no le quedó más que darme su bendición y unas tortas de papa con chile que me envolvió en una bolsa arrugada de papel estraza, que parecía tan triste como los ojos de mi madre, quien suspiró y agregó:

—Ten, hijo, por si te da hambre en el camino —. Agradecí con un abrazo—. Mi niño, nunca olvides a Dios, él te acompañará y te llevará con bien.

El autobús de la esperanza se alineó en la calle Morelos, hacia el norte. Era lunes y el reloj de la pared en la pequeña terminal marcaba las seis treinta de la tarde. Cuarenta y cuatro asientos ocupados: casi lleno total, quedaban dos vacíos, uno para el cacharpo —o ayudante del chofer— y el otro para mí. El maletero estaba completamente vacío, pues a los peregrinos sólo nos acompañaba un morral en el que metíamos nuestras vidas, una bendición y un cambio de ropa.

La escena, vista desde mi asiento, era casi idéntica a la de todas las tardes. Un colectivo de la línea Tres Estrellas de Oro, con un cartel en letras moldeadas que indicaba «Tijuana directo» en el parabrisas, era revisado una última vez antes de su partida; su destino estaba a 2,440 kilómetros, o dos días y dieciséis horas. En Zacapu sólo quedó la ausencia de otros cuarenta y dos hijos que prometían regresar algún día.

El autobús estaba repleto de almas, sueños y esperanzas; mis pensamientos eran confusos. En el rancho se habían quedado las huellas de mis pasos, se quedó el cine, se quedó mi madre y se quedó mi niñez; en mi morral cupieron mis ilusiones y me las traje conmigo. El camino era el mismo que recorrió mi padre de bracero para hacer su parte de inmigrante y que a mí me tocaran mejores condiciones. Apenas llevábamos una hora de camino y ya caía el anochecer, mi mente vagaba y el desasosiego no me dejó conciliar el sueño, estuve en silencio casi toda la noche, mi compañero igual; no sólo compartíamos el asiento, también el dolor de dejar atrás aquello que forma parte de nuestra vida. Imaginaba la angustia de mi santa madre, quien seguramente había pasado la noche en oración por su hombrecillo, al que no pudo detener.

Al amanecer, el autobús hizo su primera parada, estábamos entre Nayarit y Sinaloa en una fonda de arrieros en la que con 20 pesos alcanzaba para un par de burritos de huevo con machaca que apenas aplacaba el hambre; yo aproveché el tiempo para salir, estirar las piernas y comer una de las tortas de papa que mi madre me envolvió, la acompañé de un refresco Caballitos de mandarina.

Ocho treinta de la mañana y retomamos el viaje, ahora me tocó ventana, ése fue el acuerdo con mi compañero de asiento. El paisaje estaba compuesto por campos de cultivo, poblados y un constante pasar de vehículos en dirección contraria. Mis ojos por fin se convencieron de cerrarse por unas horas.

Al despertar, como si el chofer hubiera adivinado la nostalgia que ya se me acumulaba, sintonizó una estación de radio con música popular; la programación coincidía con el gusto de la mayoría, pues aquí, acá y más allá, a los paisanos se les escuchaba cantar.

El viaje se volvió ameno, yo no sólo ponía atención a la lista de canciones programadas en aquella emisora, sino a los diálogos de los locutores y a la dramatización en los comerciales; entonces empezó a desaparecer mi tristeza y a crecer una expectativa llena de entusiasmo.

Llegada la tarde, en una parada antes de Guaymas, la música amenizó la travesía; en algunos tramos se podía ver el mar. Era la primera vez que miraba la inmensidad del océano y nunca había estado tan lejos de casa, así que el mundo parecía recién sacado del horno de un panadero aficionado a la radio.

Durante el trayecto hicimos amistad con otros paisanos quienes, igual que nosotros, iban a buscar suerte. Esa noche paramos a cenar unos tacos de armado en el asadero de don Ismael, cerca de la estación del tren en Empalme, Sonora, un lugar que fue fundado el 15 de septiembre de 1905, ya que desde ahí se podía ir hacia el sur, por Punta de fierro, en el ferrocarril Cananea-Río Yaqui-Pacífico, y hacia el norte, rumbo al sueño americano. Ese sitio nació como comisaría de Guaymas y fue cabecera municipal en 1937.

«Aquí estuvo mi *apá* —le conté a un amigo mientras cenábamos—. Aquí fue el más grande centro de contratación de braceros». Yo conocía esa historia, mi padre me la había contado y yo estaba consciente del sufrimiento que alguna vez se acumuló en ese pueblo, pero también de que allí fue el epicentro de las oportunidades para nuestros antecesores.

Diez de la noche de nuestro segundo día de trayecto. Empezaba la escabrosa ruta hacia el sueño americano: el desierto de Sonora. Ahí, durante el día, el calor puede subir a 43 grados centígrados (110 Fahrenheit). Nosotros lo recorreríamos de madrugada.

Los tacos de armado hicieron mi sueño tranquilo y pacífico. Al despertar, poco antes de amanecer, me di cuenta de que ya habíamos pasado Mexicali y se sentía un zigzagueo impresionante; hacía un viento de alto calibre que embestía al autobús con tal fuerza que pensé en una volcadura. Los 20 kilómetros de curvas y acantilados provocaban un despertar con la Rumorosa enojada.

Ya en Tijuana, con unos cuantos pesos alcanzó para el cuarto en un hotel de mala muerte. Con las nuevas amistades logradas en el camino, ya éramos doce. La habitación estaba dividida en un cuarto con una pequeña ventana que daba a la oscuridad de la noche y el baño, de un poquito más de un metro cuadrado. Dormimos en cualquier rincón y esperamos en vano dos largos días.

Es maravilloso ver que las fronteras son sólo líneas pintadas por los hombres y la música viaja libre por el mundo.

-Juan Gabriel

Desde la ventana, apenas se veía el cerro que divide la frontera, en las noches se escuchaba el ruido de algo que parecía ser un helicóptero que proyectaba un penetrante rayo de luz desde su potente reflector. A esa nave vigilante la llamaban el Mosco, por el ruido que dispersaba hasta el amanecer, pero conforme caía lo denso de la noche volvía al acecho.

En Tariácuri se hablaba de un personaje que era pollero, un paisano al que, por lógica, apodaban el Pollo; su nombre era Raúl Ambriz Reyes. Lo llamamos por teléfono desde la cabina pública de una esquina, contestó de inmediato, preguntó en dónde estábamos hospedados y advirtió: «No se muevan de ahí hasta que alguien vaya por ustedes. La cruzada podría ser en cualquier momento». Él tenía a su gente de confianza en Tijuana, quienes nos llevarían de «alambrados».

«Vamos a pasar de noche por el cerro de la colonia Libertad», dijo un individuo que parecía ya haber vivido la experiencia. Sabíamos a lo que veníamos y, aunque estábamos conscientes del peligro, no recuerdo haber sentido temor alguno.

Tres salimos del motel para ir a una tienda que estaba al cruzar la calle, ésas habían sido las instrucciones. Ya era viernes, quinto día, y nos estábamos quedando sin dinero, así que hicimos una coperacha para comprar una bolsa de pan en barra, queso, chiles jalapeños y dos botellas de refresco (de naranja y de tamarindo, marca Jarritos). Ya con algo en la barriga, acordamos turnar la vigilancia apenas asomando la cabeza por el estrecho mirador. De Tijuana conocíamos únicamente lo que se alcanzaba a ver por la ventana. El hotel era de dos pisos, así que sólo se veían los desordenados techos con tendederos de ropa de distintos colores.

La mañana del viernes vi llegar a dos hombres y me apresuré a recibirlos en la puerta.

—¿Aquí están los que van para Oxnard, California? —dijo uno.

—¿Cuántos son? —preguntó el otro

—Somos siete.

—Alístense, porque vamos a regresar por ustedes a eso de las seis de la tarde, hoy les toca brincar —ordenó uno—. Pónganse truchas y no lleven nada con ustedes, dejen sus mugreros aquí, y si traen lana (dinero), hagan un agujero en el cinturón y métanlo ahí (consejo que también me dio mi abuelo antes de partir).

—Esto es muy importante: si traen tarjeta de identificación, la destruyen —agregó el otro.

Fueron las últimas indicaciones que dejaron en su breve visita.

Eran ya las seis de la tarde, y nada. Se hicieron las siete, y nada, las ocho, y nada. Hasta casi a las nueve de la noche llegaron por nosotros.

Caminamos unas cuadras —no sé con exactitud cuántas— hasta llegar a un carro tipo Combi que ya nos esperaba en un callejón detrás de una cantina. «¡Suerte, campeones!», nos dijo una mujer parada en la puerta trasera de un tugurio, era claro que se dedicaba a la profesión más vieja del mundo, pero por un momento quise que fuera una hermosa dama, de ésas que despiden a los marineros y les dan esperanza para enfrentarse a los monstruos del océano. Sin voltear atrás, subimos a la ruidosa camioneta.

Lo único bueno que tienen las fronteras son los pasos clandestinos.

Manuel Rivas, *El lápiz del carpintero*

Sin saber exactamente a dónde nos dirigíamos, comenzó el recorrido. Me fui formando una idea del barrio en el que estábamos, se veía más y más cerca el cerro de la colonia Libertad. Cada vez era más poderoso el estruendo ocasional de aquel helicóptero tipo bola y su rayo de luz traducía la noche como si se tratara de un pequeño sol de mal agüero.

—Llegamos, salgan del carro —nos gritó el pollero— ¿Ven esa pared de lámina? Por ahí vamos a entrar. Pónganse truchas y sigan mis instrucciones.

Yo no veía cómo lograríamos brincar, el muro era más alto que el hotelucho en el que nos quedamos y de una resbaladiza lámina galvanizada.

—Dónde está pintarrajeado hay un agujero, por ahí entramos.

La pared de lámina estaba cubierta de grafiti y el hueco era reducido, apenas cabía una persona pequeña, pero como estábamos medio desnutridos, nos arrastramos rayando nuestras espaldas con los disparejos cortes de la hoja.

—Me siguen y no me pierdan de vista —susurró a la vez que señalaba unos arbustos—. Aquí vamos a esperar un rato, tengan calma, iremos a paso lento, pero seguro.

Pensé que la espera sería de unos minutos, pero fue de horas. Como no traíamos reloj, la vigilia se nos hizo eterna; de un lado se podían ver las luces de diferentes tonalidades de la ciudad de Tijuana, y del otro, puntos luminosos más brillantes y alineados, lo que nos hizo distinguir claramente dónde terminaba México y dónde empezaba el gabacho.

El pedacito de cielo que nos tocaba ver no tenía luna y las estrellas no brillaban tanto; sin embargo, las luces de los aviones pasaban como estrellas fugaces artificiales que hacían un ruido ensordecedor sobre nosotros. El Mosco, a baja altura, daba vuelta una y otra vez, luego se retiraba, pero después volvía arremetiendo con su destellante cañón de luz que repetidamente pasaba sobre nuestro reducido espacio bajo los matorrales; parecía que los polleros sabían cuándo el helicóptero haría una pausa para cargar combustible o para el cambio de turno de los agentes de la Border Patrol.

—¡Vámonos! Corran detrás de mí, que nadie se me despegue, porque lo dejamos.

Lo seguimos escondiéndonos de matorral en matorral hasta llegar a una cañada con tramos escabrosos, donde el guía aminoró el paso y nos quedamos inmóviles para ahorrar un poco de energía. De pronto, se escuchó el motor de un carro y a un metro pasó una camioneta de color verde. Pudimos escuchar la conversación del radiocomunicador, aunque nada de lo que decían era claro y hablaban en clave, como en una película de las que se pasaban en el Cine Hidalgo.

Sin aviso, el vehículo se retiró patinando las llantas y dejando una polvareda, así que aprovechamos y renovamos la carrera. Yo sentía que sólo dábamos vueltas como trompos a los que se les acaba la inercia. Todo era igual, parecía que terminábamos en el mismo lugar, hasta que llegamos a lo plano y, con la respiración agitada, quedamos bajo un puente muy grande. Ya se veían casas y se escuchaban los carros pasar a alta velocidad en una autopista sobre nosotros.

—Ya falta poco —nos consoló el pollero.

Amanecía. Parecía que nuestros pechos agitados estaban a punto de colapsar; estábamos muy agotados de tanto correr y excitados como un hámster que corre en una rueda, pensando que pronto alcanzará un trozo de alimento.

—¿Ven ese letrero que dice «motel»? Ahí vamos; encomiéndense a Dios, recuerden no decir sus verdaderos nombres si los agarran. ¿Listos? ¡Órale, vámonos!

Si te quedas atrás, corre más rápido. Nunca te rindas, nunca te rindas y levántate contra las barreras.

-Jesse Jackson

Corrimos entre árboles, era como un campo de golf o un parque, no pude distinguir debido a la adrenalina, al cansancio y a los perros que ladraban cuando pasábamos por detrás de unas casas. Es curioso cómo en esos momentos hasta los ruidos nos nublan la vista, igual que cuando le bajamos al radio del coche para estacionarnos en paralelo, como si el silencio nos ayudara a comprender mejor el mundo.

Al llegar al motel, entramos en una habitación de dos recámaras en la que había cerca de cincuenta personas, todas con cara de angustia, hombres y mujeres, la mayoría jóvenes. Nos quedamos de pie en un espacio reducido, jadeando y recuperando el aire en medio de esa atmósfera viciada con el miedo de tanta gente.

—Tomen agua de la llave, paisanos —sugirió alguien.

Hacía mucho calor y no sabíamos cuánto tiempo estaríamos ahí. Del guía, no volvimos a saber nada.

La habitación de aquel motel se fue despejando poco a poco; durante gran parte de la mañana llegaban carros y se llevaban a la gente. No había qué comer y empezábamos a desesperar. A eso de las dos de la tarde llegó una camioneta *station wagon*, como las de las funerarias, y los ocupantes entraron al cuarto preguntando quiénes eran los que iban a Oxnard. Levantamos la mano y uno por uno nos metieron en la reducida cajuela —no sé cómo cupimos todos—, pusieron unas cobijas para cubrir el escondite y unos chiquillos jugando se subieron sobre nosotros; el vehículo arrancó y, en total oscuridad por las siguientes dos horas, sólo escuchábamos el ruido de motor. El calor era insoportable y nos ahogaba el esmog, combinado con un pestilente olor a sudor, pues teníamos más de veinticuatro horas sin bañarnos. Había que soportar todo en ese reducido espacio, no podíamos evitar que las gotas de sudor de la frente corrieran hacia los ojos y nos ardieran como si nos hubieran untado jugo de chile perón.

Inmóviles, empacados como sardinas, nos sentíamos en un calvario y no sabíamos cuánto tiempo seguiríamos ahí. Intenté distraer mi mente, me enfrasqué en reflexiones y me preguntaba cómo era posible que estuviéramos de ilegales en una tierra que un día fue de México, visualizaba mi futuro tal cual lo veía en la tele. Imaginaba cómo era el lugar por el que íbamos pasando, eso me ayudó a distraerme un rato, pero empezó a faltar aire en aquella ratonera, se dificultaba la respiración yo casi me desvanecía de sed y hambre.

El auto redujo la velocidad hasta detenerse, escuchamos algo en inglés y en segundos el carro aceleró nuevamente; habíamos cruzado la revisión obligatoria de San Clemente. Los chiquillos quitaron las cobijas y abrieron ligeramente la cubierta. Una voz femenina, con acento americano, nos ordenó quedarnos ahí.

Continuamos el viaje durante las siguientes dos horas, había mucho tránsito esa tarde en la ciudad, sólo podíamos ver los señalamientos de la autopista, verdes con letras blancas, que anunciaban las diferentes rutas. Leí «Los Angeles» y empecé a rezar: ¡ya estábamos en Estados Unidos!

Entramos en la cochera de la casa del Pollo e ingresamos a la cocina por la puerta trasera. Yo me sentía como uno de esos marineros que, luego de vivir en el océano durante meses, tocan tierra firme y se inclinan para besar el suelo.

—Hay huevos, salchichas y tortillas, hagan algo de comer —nos indicó la mujer que nos llevó hasta ahí. Esas palabras nos parecieron tan dulces como el «te amo» del ser querido.

Después entendí que aquella señora era esposa de nuestro paisano. Ella subió a los niños a otro auto y se alejó con rapidez. Nos quedamos en la cocina ante los ingredientes para preparar nuestra primera comida en veinticuatro horas. Cualquier cosa que pudiéramos hacer sería como un manjar caído del cielo.

Con los veinticuatro huevos y el paquete de salchichas picadas hicimos una tortilla en la cazuela más grande. Como desesperados, limpiamos los platos con pan de barra; aquello nos pareció una verdadera delicia: así debió ser el sabor del maná que alimentó a Moisés en el desierto. Había refrescos de marca genérica en el refrigerador y unas galletas en la mesa. Ese fue nuestro primer encuentro con la comida americana.

Salimos al patio trasero y nos sentamos en unas sillas hasta que llegó la tarde y se convirtió en noche. Vimos llegar otra camioneta, era el Pollo, que me preguntó si yo era hijo de Miguelón y asentí con la cabeza.

—Súbanse, los vamos a llevar a Oxnard.

Esta vez íbamos sentados, aunque un poco apretados, pero no importaba; durante el recorrido veía camionetas verdes en la autopista y creía que todas eran de la *migra*, pero el chofer se veía muy tranquilo, estábamos en otro mundo; en Michoacán, las carreteras eran de terracería y un solo carril, aquí había miles de autos en autopistas gigantes.

Luego de la autopista 101, tomamos la salida que nos llevó en línea recta hasta Oxnard Boulevard, la calle principal de la pequeña ciudad. Yo iba en el asiento junto al conductor; cuando nos detuvimos en un semáforo, quedó frente a mí la marquesina del teatro Boulevard, que anunciaba dos películas mexicanas. «Éste es el lugar donde yo debo trabajar», pensé. Era natural mi inquietud, pues llevaba la sangre de cácaro en las venas; sin embargo, esa idea desapareció por un momento al recordar que éramos nuevos en ese lugar y aún no sabíamos lo que el destino había elegido para nosotros.

Fue invaluable el recibimiento y la hospitalidad de Salvador, el tío de mi amigo, tras nuestro arribo a Oxnard; su generosidad era notable.

En la parte de atrás de la casa se preparaba un asado que acompañamos con una cerveza bien fría: así debe ser la Gloria.

Tímidos, contamos nuestra aventura, la cual no causó sorpresa porque era idéntica a la de todos los asistentes; ya tarde, nos señalaron el lugar donde dormiríamos, era un garaje acondicionado con literas, colchonetas y una vieja repisa para la ropa. Después de un urgente regaderazo, caímos muertos de cansancio.

Despertamos hasta las nueve de la mañana. Era domingo, almorzamos un café con leche y huevos fritos con tocino envueltos en una gigantesca tortilla de harina: el famoso burrito. Más tarde nos llevaron a una tienda de segunda, escogimos un par de pantalones, unas playeras con estampados de los años setenta y unas botas de trabajo. Para nosotros, todo parecía nuevo: la ropa, los zapatos, el cielo y el mundo. Sí, era una nueva vida.

No te digo que va a ser fácil, te digo que valdrá la pena.

El despertador nos sacudió a las cuatro de la mañana, era lunes 12 de abril de 1984. Una salpicada de agua en la cara estimuló nuestra ilusión; un café y una dona generaron energía temprana para salir a buscar trabajo.

Recorrimos a pie diez o quince cuadras hasta llegar a la famosa Cooper, una calle del popular barrio la Colonia, en Oxnard, donde cientos de inmigrantes recién llegados se contrataban para levantar los inmensos cultivos.

Los monumentos no deberían de ser para los políticos, sino para los millones de campesinos que ejercen el trabajo más noble que existe. En el campo conoces la humildad; no falta quien te dé la mano para enseñarte cómo hacer tu primera actividad; la mía fue la pisca de espárragos, al siguiente día brócoli y al tercero perejil, las tres muy pesadas y mal pagadas, pero los mejores sueños a veces comienzan muy parecidos a las pesadillas.

La labor de sol a sol te deja exhausto y casi noqueado, sin contar con que tienes que regresar caminando a casa cuando ya no puedes poner un pie delante del otro, no te puedes agachar, ni siquiera para tus necesidades fisiológicas, y te invade la sensación de que seis horas de sueño en una cama en realidad son como diez minutos en un paraíso artificial.

En lo personal, buscaba trabajar recogiendo fresas, porque ahí el pago depende de tu habilidad para piscar y empacar la frutilla roja y, no sé por qué, pero me emocionaba ser parte de una cuadrilla de cientos de trabajadores que cada mañana reciben el sol en el campo, cada uno en su carril, alineados como si fueran atletas en relevos compitiendo por la medalla de oro de las olimpiadas. Tomar una fresa con los dedos tiene algo de sensual y romántico, algo que escasea entre los espárragos.

Nada de soldados levantando una bandera, los monumentos deberían ser campesinos con perejil en las manos y, sorpresa, esos héroes serían paisanos latinoamericanos.

Un sábado fui con mis compañeros a los cultivos en los que ellos trabajaban, sin nada que perder y mucho que ganar, me acerqué al mayordomo y le dije:

—Quiero piscar fresa—. Su respuesta fue una negativa, a la que respondí—: ¿Puedo ayudar mientras terminan mis amigos? Puedo acomodar cajas o asistir en lo que sea.

—Está bien, pero no interrumpas a la gente —por fin accedió.

Al terminar el día, aquel hombre se acercó y se dirigió a mí:

—Me gusta la gente como tú, te voy a contratar, repórtate el lunes a las seis de la mañana.

Mi abuelo siempre decía que «la gente acomedida donde quiera cae bien» y, no es por nada, pero se me da eso de ser servicial.

Así fue como empezó mi aventura en la pisca de la fresa, donde el trabajo es competitivo y verdaderamente requiere de un gran esfuerzo físico; algunas personas viven con el dolor y sufren en silencio, pues pasan casi todo el día con la espina dorsal arqueada, bajo los intensos rayos del sol californiano.

En los cultivos hay un ir y venir en surcos con agua y estiércol que arruina los zapatos y deja los pies húmedos en carne viva, pero cuando eres pobre y los tuyos tienen hambre, rápidamente te acostumbras a las tareas, por más pesadas que sean, te adiestras y le encuentras el modo, aunque a veces las lágrimas y el cansancio sean el tributo que abona los campos.

Es irónico que en ese sitio ahora hay una tienda Walmart y un hospital que atiende a pacientes de cáncer que estuvieron expuestos a los pesticidas en ese mismo lugar. Después de ahogado el niño, quieren tapar el pozo.

La próxima vez que muerdas una fresa y su jugo inunde tu paladar con esas notas dulces y deliciosas, cierra los ojos, disfruta su sabor y sonríe un poco en honor a esas espaldas partidas.

Cuando eres indocumentado y llegas a un país desconocido con las manos vacías, te sientes vulnerable y eso se puede convertir en una experiencia aterradora, porque siempre tienes en la mente que estás violando la ley. Estás expuesto a la discriminación y a los abusos laborales que han existido desde siempre —con Trump o con quien sea— y vives con el constante temor de que cuando menos lo esperes, aparezca la temida *migra* y te corte las alas de un solo tajo.

Un martes, como cualquier otro en el campo de fresa, se escucharon murmullos que provocaron nerviosismo entre las decenas de trabajadores y de pronto alguien gritó: «¡La *migra*!». Levanté la cara y, a mi izquierda, vi el convoy de carros todoterreno, acompañados por un pequeño camión de pasajeros tipo autobús escolar de color verde pálido que recorrían los caminos en hacia nosotros. Asustado, escogí como escondite las cajas de cartón en las que se empacaba la fresa.

Con un español mal pronunciado y un marcado acento gringo, se escuchaba la exigencia de presentación de documentos migratorios a los jornaleros; por distintos huecos, desde mi escondite, podía ver y oír aquel bullicio hasta que uno de los agentes me sacó de los cabellos.

Nos llevaron a un centro de detención en Camarillo, un poblado a poca distancia de Oxnard. Ésa fue la única vez que estuve tras las rejas. La celda era un reducido espacio compartido con decenas de paisanos en las mismas condiciones: sin derecho a nada. En ese lugar no eres nadie, pero tienes que serlo. Ahí, todo tu ser se envuelve en interrogantes, angustia, miedo y desesperanza. En ese encierro, pierdes la ilusión de un día mirar un monumento levantado para honrar a los campesinos.

Te exigen identificación, pero prefieres ser invisible. Te aconsejan no revelar tu verdadera identidad y ese nombre verdadero que pronunció tu madre el día de tu partida para darte la bendición es sustituido por el de algún conocido, que, de preferencia, nunca se haya aventurado pa'l norte: «Me llamo Chema, José María Ordaz», mentí; ese nombre pertenecía a un personaje de Tariácuri con necesidades especiales, conocido como Primo, quien hoy ya está en el cielo comiendo fresas.

Los agentes saben que estás mintiendo, y como tu falta es considerada *leve*, no le dan mayor importancia. Encerrado, aunque sea por poco tiempo, te apoyas en tus compañeros con un sinfín de preguntas para estar mentalmente preparado en lo que será un viaje sin escalas a Tijuana.

Inténtalo una y otra vez, hasta que el miedo te tenga miedo.

El mexicano puede doblarse, humillarse y agacharse, pero no *rajarse*. Tras mi deportación, y después de unos días en Tijuana, volví a cruzar la frontera, esta vez más seguro, más audaz, pero de la misma manera: a pie, corriendo por el cerro, burlando a los de a caballo, a los vehículos todoterreno y los del helicóptero; después, la misma cajuela de la vagoneta del pollero.

En esa época, todo era más fácil, más rápido, y el servicio de coyote para la *pasada* tenía un costo de entre 400 y 500 dólares, que no es nada si se compara con los diez mil que exigen ahora.

Volví a Oxnard, si regresaba al campo, tomaba el riesgo de volver a ser deportado, y como tenía ahorrados 600 dólares, me acorde de las postales, los maravillosos paisajes y las aventuras de mi padre en la última frontera, y después de insistir, lo convencí de ir con él hasta Alaska; también mi hermano Miguel se animó y nos fuimos juntos.

Transcurría la primera semana de junio de 1984, fuimos al aeropuerto y tomamos un vuelo directo de casi seis horas, saliendo de Los Ángeles; era la primera vez que estaba en un avión, así que toda la experiencia fue nueva: la compra del boleto, la documentación, el abordaje —en ese entonces, con una simple identificación falsa podías viajar, hoy te revisan hasta el alma para poder tomar un vuelo. Después vino el temido despegue y, por supuesto, la turbulencia que me tuvo agarrado hasta con las uñas de los pies durante todo el vuelo. Me tocó ventanilla, sólo se veían los picos de las montañas completamente nevadas; nervioso, recordé cada detalle de la película *Los sobrevivientes de los Andes*, que fue un estreno en el Cine Hidalgo, así que inspeccioné a los pasajeros cercanos para ver cuál era el más gordito, por si el avión se caía y teníamos que decidir a quién hacíamos carnitas estilo don Carmelo, de Quiroga, Michoacán; sin embargo, no hubo necesidad, emocionados, llegamos por fin a Anchorage, la primera ciudad del estado.

Mi padre nos esperaba en la terminal y fuimos en el auto de un amigo hasta un complejo de departamentos sin muchos lujos. Nos instalamos en una pequeña unidad de dos recamaras que mi padre compartía con un par de paisanos. Me tocó dormir en el suelo.

Gracias a la recomendación de mi papá, al siguiente día ya teníamos empleo como pintores y restauradores de casas. Nuestro horario laboral era distinto, pues debíamos salir de casa a las 10:00 de la mañana, pero mi vieja costumbre de piscador de fresa me despertaba desde las 5:00. En esa región, es normal que haya luz solar la mayor parte del día durante la primavera y el verano, así aprovechábamos la claridad para completar nuestras tareas y el regreso a casa era hasta después de la *medianoche* polar, que se prolonga hasta la madrugada.

Ese empleo nos permitió recorrer rutas y barrios distintos, así que conocimos toda la ciudad. Teníamos libre la tarde del sábado y el domingo lo dedicábamos a lavar la ropa, comprar despensa, caminar, salir al cine o escuchar música en inglés, porque ahí no había estaciones de radio en español. Éramos como pingüinos friolentos tratando de acostumbrarnos a la magia del frío.

Durante esa temporada, la música de los años ochenta se convirtió en mi favorita. Mientras pintábamos, se escuchaba en el radio la estación Magic 98.9 y acompañábamos los brochazos en las paredes con *I want to break free*, de Queen; *Billy Jean*, de Michael Jackson; *Footloose*, de Kenny Loggins; *Ghostbusters* y *Girls just want to have fun*, de Cyndi Lauper, esta última era la predilecta de una vecina jovencita llamada Madonna, con quien hice *amistad*. Lo único que yo sabía en inglés era «*Open the door* o me brinco por la *window*», y ella sólo decía «Hola, *my friend*». Tuvimos un corto y divertido romance. Hoy, mi esposa me pregunta cómo le hacíamos para comunicarnos, y mi respuesta es: «No había necesidad de palabras».

En Anchorage, la temperatura siempre es baja, aunque no sea invierno. Yo soy muy friolento y siempre andaba enchamarrado. Estábamos flanqueados por el océano Pacífico y por las exuberantes montañas copadas de blanco. Los paisajes son tan impresionantes que sólo los pintores (no los de brocha gorda, como nosotros) pueden describir con sus pinceles las cautivadoras y mágicas imágenes de ese paraíso. Alaska es distracción, diversión y poesía para quienes aman la naturaleza, pero cuando llega el invierno y empieza a nevar, bajan las contrataciones, especialmente si lo tuyo es de exteriores.

Una tarde fría, de la tercera semana de septiembre de 1984, pintábamos unas oficinas ejecutivas y, por accidente, se me cayó un rodillo con pintura en el piso; furioso, nuestro patrón me gritó: «¡Eres un idiota!», y Miguel, mi hermano, que estaba en una escalera alta, se deslizó como bombero, lo tomó del cuello y le dijo en su cara: «A ver, bájale tres rayitas; es la última vez que le gritas a mi hermano». Recogimos nuestras cosas y regresamos caminando a casa. Ahí terminó nuestra aventura en Alaska y mi romance con la americana de nombre famoso: Madonna.

¡Se volvió loco!

Yo no vine en busca del sueño americano, el sueño americano me encontró a mí.

A principios de 1986, estando en México conseguimos una cita en la embajada americana para una entrevista que mi padre había solicitado y era un derecho para los padres con hijos nacidos en Estados Unidos, como el caso de mi hermana. Obtuvimos un permiso seguido por la residencia permanente y desapareció aquel miedo que nos provocaba sentir que estábamos trasgrediendo la ley.

Ya con mi documentación legal en mano, a mediados de marzo de 1996, regresé a California. Esta vez crucé la frontera de San Isidro muy campante, como dice Chente Fernández: «La *migra* me hizo los mandados».

Llegamos a Los Ángeles y nos instalamos en un complejo de departamentos en la ciudad de Harbor City; el lugar era llamado el Palomar, quizá porque ahí vivían puros pichoncitos recién llegados de México. Mis hermanos compartían con doce personas un departamento en el segundo nivel, la mayoría éramos primos, el tío Juve, la tía Cuca y conocidos de pueblos vecinos en Michoacán; el departamento era tan pequeño que había que hacer fila hasta para tener una pesadilla. Recién llegados, la siguiente mañana nos llevaron a una escuela cercana, donde en las mañanas repartían despensas a los más necesitados: una bolsa de pan viejo, leche, arroz y frijol, a veces con gorgojo, seguramente del que tiene mucho tiempo en los supermercados y, antes de tirarlo, es enviado a casas de ayuda. Listo, alacena llena para la primera semana.

La vivienda despedía un olor extraño, seguramente por falta de higiene. Por lo menos doscientas personas vivián en el galerón, la mayoría eran obreros, estaban relacionados con la jardinería, la pintura, la construcción o la limpieza en algún restaurante. Para quienes tenían semanas, meses o años ahí, era extraño si no se escuchaba por lo menos una discusión de pareja o vecinos en los pasillos.

Al siguiente día de mi arribo, confiado porque no me volvería a agarrar la *migra*, pues en mi cartera un documento garantizaba mi estancia, me presenté en una empresa de contratación de servicios de jardinería y casi en automático ya tenía empleo. Fue un día de trabajo arduo: excavar, colocar el sistema de riego, compactar y plantar arbustos en las zonas verdes de un centro comercial recién estrenado. Así trascurrieron los siguientes días.

Durante el fin de semana, el Palomar se convirtió en un palenque en el que varios gallos se dieron de golpes y dejaron las paredes de los pasillos semidestruidas; yo me mostré inconforme porque, la verdad, aunque estaba con mis hermanos y primos, ése no era el ambiente del «país de las oportunidades» que soñé.

La siguiente semana ya no regresé a la jardinería y me contraté con una empresa de pintores de brocha gorda; ya tenía experiencia en el ramo después de lo de Alaska (y Madonna), pero de igual modo aquella labor no me llenaba los ojos, yo quería salir de lo tradicional. Mientras tanto, no perdía oportunidad de escuchar la radio local; fue entonces cuando, por primera vez, descubrí la emisora Super KQ, y me encantó, se convirtió en mi favorita.

Durante la sexta semana viviendo en el Palomar, vi que un grupo de jóvenes entraron en una nave industrial, los seguí y pregunté si tenían empleo disponible. Me contrataron y explicaron en inglés la manera de vender sus productos; yo no entendí ni papa, pues apenas sabía unas palabras que mi amiguita Madonna me había enseñado en Alaska, así que me enviaron con alguien de experiencia. Fuimos en auto hasta el este de Los Ángeles, y en un estacionamiento, de la parte trasera de la camioneta, mi compañero sacó unas cajas que contenían cazuelas con teflón: el grito de la moda. Fui con él, vi cómo las ofreció y, de inmediato, con la experiencia de paletero y vendedor de naranjas los domingos de futbol en Tariácuri, me fui por el lado contrario de la acera; cuatro horas después, había colocado mis veinte cazuelas.

Al regresar al almacén, me aplaudieron y me felicitaron; no me tocó comisión porque era un aprendiz, lo peor es que mi instructor vendió sólo la mitad. Ya no volví.

Ese año se autorizó una reforma migratoria para quienes trabajaban en el campo: los rancheros podían extender una carta a sus empleados que les daba el derecho a un permiso de trabajo temporal con opción a residencia parmanente. Mi padre me sugirió que llamara a don Damián Cruz, un amigo y paisano de Tariácuri, quien era capataz en Carolina del Norte; así lo hice y él me envió por correo doce cartas para regalarlas a los paisanos. Cuando la correspondencia llegó, ya tenía pensado quiénes obtendrían una carta: mis primos fueron los primeros y, enseguida, los paisanos más conocidos. Todos ellos ahora son ciudadanos y sus familias han crecido en Estados Unidos.

Inconforme con los trabajos que se me presentaban, intenté uno y otro: chofer, carpintero y en la construcción, pero, aunque todos son dignos, no me satisfacían. Tampoco me agradaba el ambiente del Palomar, prefería trabajar en el campo, donde se respira la humedad y el viento trae esperanza, así que regresé a Oxnard.

Empezaba la temporada de levantamiento de fresas y me apunté de nuevo. Nunca me detuvo la *migra* y me quedé con las ganas de decirle con orgullo: «¡Ya no soy un ilegal!». Parece fácil de contar, pero la libertad fue fruto del trabajo de mi padre, la paciencia y de agarrarse a trancazos contra el miedo para salir con la victoria.

Mi vecina del surco a mi izquierda era una señora muy amable de atuendo muy parecido al de las mujeres de cultura musulmana; cubierta de pies a cabeza para protegerse del sol, sólo se le veían los ojos expresivos con bondad y ternura, como los de la Virgen de Guadalupe. Ella traía un radio colgado de la cintura y pasaba el día cantando; aunque tenía mucha más habilidad que yo para cosechar, no me le despegaba, con la intención de seguir escuchando lo que salía de aquel aparato. Entre canción y canción, se escuchó a un locutor dar la hora y mandó algunos saludos antes de ir a comerciales. El primer anuncio se escuchó con una impactante voz que decía:

> ¿Te gustaría ser locutor? Te recomiendo la Escuela Internacional de Locutores, lo único que necesitas es el deseo verdadero de querer ser un profesional de la radio.

Daban un número telefónico para comunicarse y, aunque nunca he sido bueno para memorizar, pensé: «Este teléfono me lo aprendo porque me lo aprendo», y lo repetí casi todo el día, como las tonadas que salían del radio de mi vecina. Me hubiera gustado volver a ver a esa santa mujer para darle las gracias, pues el mensaje divino que cambiaría mi vida llegó a través de ella.

Estaba frente a la realización de mi sueño anhelado. Esa misma tarde, al llegar a casa, aún con la ropa sucia, fui al teléfono que había en la cocina y desde allí marqué:

La gente sin ambición no sale nunca del agujero.

-María Félix

—Escuela Internacional de Locutores, a sus órdenes.

—Señorita, ¿cuáles son los requisitos para el curso de locución?

—Si usted tiene el sueño de ser locutor, con nosotros puede hacerlo realidad —. Seguramente ella repetía un texto estudiado y diseñado para vender el curso, pero para mí era música en los oídos.

Confirmé que no se requería certificar mi educación previa y tomé las direcciones para llegar hasta ahí. No podía ir a mi cita con pinta de jardinero, así que me di un baño, estrené pantalón, camisa de cuello y manga larga, zapatos limpios, y listo, a la esquina donde tomé un autobús urbano.

El camino hacia mi sueño pasaba por la calle C, hasta llegar a la Quinta, cerca del centro de la ciudad.

Ya en la escuela, el dueño y director, Elio Gómez, me dio la bienvenida y me llevó a conocer las instalaciones que eran un salón y dos cabinas con máquinas un poco anticuadas, pero que cumplían su propósito, hacer soñar a los aspirantes y prepararlos como locutores principiantes. Eran 300 dólares al mes por la colegiatura; el curso duraba un año y las clases se daban dos veces a la semana —martes y jueves por la noche. Mi mente empezó a realizar cálculos que un niño de segundo grado hubiera resuelto de inmediato: si mi compensación promedio en los cultivos era de 600 dólares, entonces debía destinar la mitad de mi salario al colegio privado, más 300 de renta y me quedaban cien dólares para comida, ropa y el trasporte.

Aun sabiendo que mi presupuesto era extremadamente limitado, regresé a casa emocionado y compartí mi sentimiento e inquietud con mis compañeros de cuarto, todos originarios de mi tierra.

—Les quiero compartir que voy a ser locutor. Fui a una escuela que ofrece cursos y prometen una recomendación al final del ciclo.

Algunos paisanos soltaron la carcajada:

—No manches, Carrito, estás loco. ¿Crees que por anunciar las películas del cine de tu papá en el rancho ya vas a ser locutor?

—Para eso se necesita ser estudiado, y tú saliste de panzazo de la secundaria —comentó alguien más, y eso fue lo más elegante que me dijeron, lo demás fue peor.

De momento, mis ilusiones se descompusieron, mis hombros cayeron; intentaron desanimarme, pero no podía escuchar el ruido de los demás, me llené de coraje para hacer lo que yo creía correcto. Nadie dijo que sería fácil, pero no me di por vencido, sólo dejé pasar un corto tiempo, mientras ahorraba lo suficiente para el pago de la colegiatura.

Un día, mientras caminaba pensativo por la calle, en la luna, como siempre, se detuvo un pequeño vehículo a mi lado, el conductor, un hombre de ascendencia japonesa me abordó.

Donde hay un sueño, hay un camino.

—Amigo, ¿quieres trabajar? —me sorprendió escuchar su casi perfecto español, sin acento.

—Sí, ¿de qué se trata? —respondí con cierta timidez y desconfianza.

—Súbete vamos a construir un negocio —sugirió con amabilidad.

«¿A dónde me lleva este hombre?», pensé. Luego de pocos minutos pasamos frente al campo de fresas en el que yo trabajaba y poco a poco fuimos dejando atrás la ciudad de Oxnard. Cuarenta y cinco minutos después habíamos llegado a un pequeño sitio llamado Somis, en las Colinas, junto a Camarillo, California; ahí no hay otra cosa que ranchos con inmensas huertas de aguacate. Nos estacionamos en la intersección de dos calles bastante transitadas: avenida Los Angeles y Somis Road, mi acompañante me señaló un terreno desolado, la esquina que él había elegido para crear su nuevo negocio. «Aquí voy a instalar una frutería y tú me vas a ayudar a construirla». Y así fue: por casi dos meses estuvimos cortando y clavando madera. Yo, tenía poca experiencia, apenas lo aprendido de mi tío Tomas, el ingenioso carpintero, pero eso que hacíamos era otra cosa; construimos un puesto para la venta de frutas y verduras orgánicas: George Fruit Stand.

George era asombrosamente amable, carismático, inteligente y trabajador; antes de iniciar su negocio se desempeñó como capataz en los cultivos de fresa, donde aprendió español, el folclor y los modismos mexicanos, seguramente también tomó nota de nuestros improperios o palabrotas, las cuales jamás le escuché. Casi a diario madrugaba y tomaba camino a Los Ángeles, recorría el ruidoso mercado de abastos y negociaba productos para su venta minorista. Yo fui muy afortunado, pues forjamos una respetuosa amistad, no sólo con él, también con todos los miembros de su familia. Su esposa Gladis, una mujer atenta, elegante y de números, tenía a su cargo el orden administrativo, y sus hijas, una en preparatoria y tres más en la universidad, llegaban todos los fines de semana para apoyar, venían con grandes ideas y daban un toque de modernidad a la tiendita de productos orgánicos. Se nos dificultaba la comunicación, pero yo aprendí inglés de ellas, y ellas español conmigo: «*To be or not to be*».

Ir y venir de la frutería a la escuela significaba pedir favores e ingeniármelas para estar a la hora convenida en cada compromiso. Pensé: «Juan Carlos, debes ahorrar para comprarte un automóvil». Ésa fue mi siguiente meta. En Estados Unidos, «el país de las oportunidades»,

Elige un trabajo que te guste y no tendrás que trabajar ni un día de tu vida.

sin un historial crediticio nadie tiene una vida financiera fácil, en poco tiempo tuve que romper el cochinito y, aunque usada y pequeña, me hice de mi primera carcachita.

No hay mexicano que no sea terco, y más cuando te dicen que no.

Al mismo tiempo, ignorando el ruido de las opiniones, me prometí en silencio ir en busca de mis sueños; nadie supo que me inscribí en la academia de locución, quería evitar la burla, además, no tenía interés en convencer a nadie, después de todo, esos sueños eran míos y sólo míos. Tuve que ser honesto con el director de la escuela y él entendió que mis ingresos eran limitados, me animó y me dijo: «Si en un mes andas apretado de dinero, me pones al tanto y buscaremos la manera de ayudarte». Así que me registré en la cátedra de comunicaciones de manera definitiva.

Inmediatamente entendí que Elio apreció mi entusiasmo por querer ser locutor y me facilitó una llave de los estudios para que pudiera ir todos los días a practicar si así lo deseaba. Rápidamente me acostumbré a la rutina de salir del puesto de frutas a eso de las seis de la tarde, comprar unos tacos y una Coca e ir directamente a la cabina.

Eso de que el que madruga tiene sueño todo el día no aplicó conmigo; empezar muy temprano nunca agotó mi esperanza. Dicen que los domingos hay que planear mucho y no hacer nada; sin embargo, hacía todo lo contrario. Había encontrado la motivación para dar el siguiente paso en mi vida y no me detendría hasta conseguirlo.

Se presentó la posibilidad de participar como asistente de clases en la escuela, y me apunté, esto me permitió obtener descuentos en las mensualidades del curso.

Me mudé a Santa Paula, California, un plácido pueblito escondido entre las colinas. Ahí, la familia Viveros, de Michoacán, con generosidad me abrió las puertas de su casa y de su corazón.

Mi rutina definía mi ritmo de vida, pues disfrutaba tanto lo que hacía, que no dejaba que el agotamiento entrara en mi cuerpo. Al despertar, mi recorrido al trabajo desde Santa Paula era por caminos rodeados de vegetación, perfumados por cítricos que conducían hacia miradores naturales y sitios que invitaban a la meditación y el aprendizaje. Por la tarde, atravesaba en medio de los interminables campos de cultivos que me llevaban a Oxnard. El contacto con la naturaleza, el aire puro, los horizontes lejanos, los colores y los aromas vegetales influían de manera muy positiva en mi vida. Ocupaba mi poco tiempo libre en las tareas indispensables de lavandería, detallar el auto, la despensa y leer algún libro. Sé que los amigos cercanos y las relaciones afectivas mantienen el cerebro saludable, pero no había tiempo para socializar, ir a un bar o alguna fiesta de barrio.

Me gustan los rumores sobre mí, me entero de cosas que ni yo sabía que había hecho.

-Juan Gabriel

Llegué a escuchar rumores que me hacían en malos pasos, ya que sólo me veían salir por la mañana y regresaba ya cuando todos en la casa dormían. Creían que había perdido la razón, pues hasta en la regadera practicaba; eran comprensibles sus sospechas porque yo pasaba el día ensayando las retóricas en mi cabeza, sin darme cuenta de que con frecuencia lo hacía en voz alta.

La frutería de George contaba con un contenedor refrigerado en el que se conservaban los productos, y con el pretexto de limpiarlo, me las ingeniaba para encerrarme ahí y así practicar después de mis tareas; sólo deseaba mejorar mis narrativas sin que nadie me escuchara, pero, sin darme cuenta, en varias ocasiones un compañero (paisano) me encontró concentrado justo cuando entrevistaba a un artista famoso invisible o hablaba con algún radioescucha imaginario del segmento de complacencias. El rumor creció, creció y creció: «¡El Carrito se volvió loco!».

Las habladurías sobre mi trastorno eran tema los domingos de futbol en el barrio; me da risa que ellos creían que yo ya estaba para el psiquiatra, pero a mí me importaba un cacahuate. Seguí avanzando en mis estudios. Detenerme no era opción.

MI RANCHITO

Allá atrás de la montaña,

donde temprano se oculta el sol,

quedó mi ranchito triste

y abandonada ya mi labor.

Allí me pasé los años

y allí encontré mi primer amor.

Y fueron los desengaños los que

mataron ya mi ilusión.

Ay, corazón que te vas

para nunca volver,

no me digas adiós,

no te despidas jamás

si no quieres saber

de la ausencia el dolor.

Ay, corazón que te vas

para nunca volver,

no me digas adiós,

vuelve a alegrar con tu amor

al ranchito que fue

de mi vida ilusión.

Malhaya los ojos negros

que me embrujaron con su mirar;

si nunca me hubieran visto,

no fueran causa de mi penar.

Autor: Felipe Valdés Leal

Intérprete: Vicente Fernández

Radio Tiro

Dicen que todo llega a ti cuando estás listo
para recibirlo.

Habían pasado tres meses desde mi inscripción en la academia de comunicaciones. Ordenadas y practicadas, junté unas grabaciones que no eran otra cosa que un par de comerciales —uno sobre una película de estreno y otro de un concierto—, agregué algunas narrativas como locutor, presenté unas canciones de parranda y todo lo puse en un casete. Sin que me frenara el miedo al rechazo, una tarde fui y me planté en el estacionamiento de las oficinas de la emisora KTRO Radio Tiro, en Oxnard.

Desde antes de llegar, a lo lejos, se podían divisar las tres gigantescas estructuras metálicas, antenas que radiaban música y un recital de los locutores que alegraban a los paisanos de los condados de Ventura y Santa Bárbara. La pequeña gran estación de radio se alojaba en un edificio bajo, que más parecía una casa en medio del campo, junto a unas parcelas y un vivero, fuera de los límites de la ciudad. El lugar era algo impensado, como un pequeño huevo que resguarda a un ave fénix.

Las puertas se abrirán para aquellos que sean lo suficientemente valientes para llamar.

-Tony Gaskins

Toqué la puerta de las oficinas, pero nadie respondió. La paciencia es el puente entre las intenciones y los logros, y yo estaba convencido de que un día no muy lejano mi voz se escucharía por las bocinas de algún radio; amenizar el programa del amanecer estaba a la vuelta de la esquina.

Me senté en mi empolvado carrito y, paciente, estuve a la espera; de pronto, luego de veinte minutos, vi salir a un joven chaparrito, de pelo largo, con una mochila en la mano, que estaba por retirarse. Lo abordé, generando una reacción de sorpresa, creo que hasta le saqué un susto, y le dije:

—Buenas tardes ¿cuál es su nombre?

—Mi nombre es Antonio García, el Buki —respondió—.

—Oye, perdón por el atrevimiento, ¿eres locutor?

—Soy locutor de las noches y director de producción de comerciales,

—Ando buscando al director, aquí traigo mi demostración como locutor.

—¿Tienes una cita con el director? —. Por supuesto que no tenía cita—. Ya es tarde y no veo su carro, así que no creo que esté en su oficina.

El joven me miró fijamente durante varios segundos. Por mi reacción, pudo adivinar mi frustración, creo que incluso se compadeció de mí, pues tenía muchas ilusiones de que escucharan mi grabación. El Buki ya se retiraba a cenar para regresar rápidamente a su programa de radio, que iniciaba a las siete de la noche, y me propuso:

—¿Quieres entrar a conocer la radio?

Fue imposible negarme y me dio un tour rápido por las instalaciones. Los estudios eran modestos, pero podía sentirse la magia; ahí nacían las genialidades que deleitaban a los radioescuchas en algún receptor de amplitud modulada, allá, donde la nostalgia y el trabajo enorgullecen a los seres humanos. Yo estaba deslumbrado con el recorrido que terminó en un pequeño estudio de apenas unos metros cuadrados, que era la cabina de producción. Una antigua consola, un micrófono, una grabadora de cinta magnética, tocadiscos y una máquina para tres cartuchos de ocho *tracks* eran las herramientas para fabricar las maravillas. Lo más importante para mí en ese momento fue un reproductor de casetes.

—Déjame escuchar tu grabación —le dijo a mis ojos sorprendidos y a mis oídos con los nervios de punta.

Mientras la oía, vimos que llegaba un vehículo. Era Alberto Vera, Brown Bear, director, quien ingresó por otro lado al edificio —ya saben que los jefes tienen una puerta para ellos, una entrada que hizo que mi corazón se acelerara al ritmo de las ondas hertzianas.

Para hacerse grande, hay que comenzar por hacerse pequeño.

El Buki fue al encuentro de Brown Bear y le entregó mi casete.

—Se llama Juan Carlos y quiere saber si lo puede atender.

El hombre me miró a lo lejos y le pidió al locutor que lo acompañara a su oficina; minutos después, mi guía regresó:

—Estás de suerte, el director quiere hablar contigo. No te asustes, Brown Bear es un hombre de aspecto intimidante y muy directo —aquellas palabras no contribuyeron para calmarme.

Nervioso, pero emocionado, entré a la oficina del director, un hombre imponente que de verdad parecía un oso, su presencia ocupaba casi todo el espacio; él estaba al teléfono, y mientras hablaba con alguien me clavaba su penetrante mirada. Yo sentía que leía mis pensamientos, mis nervios y mis ganas. La energía se sentía pesada, hasta llegué a pensar que me iba a tragar vivo. Colgó y con seguridad se dirigió a mí:

—¿Cómo te llamas?

—Soy Juan Carlos Hidalgo —dije impostando la voz como locutor, para impresionarlo; sin embargo, él soltó la carcajada.

—¡Éste ya se cree locutor muy fufurufo! Siéntate ahí.

Acostumbraba a sentar a sus invitados en un banquillo casi a ras del piso, creo que con la intención de mantener el mando y mirar a sus entrevistados hacia abajo. Me senté en aquel lugar que hacía sentirse pequeño a cualquiera.

—Voy a oír tu demo sólo porque me lo pidió el Buki.

Él me miraba mientras escuchaba en su potente reproductor marca Bose. Poco más de tres minutos de grabación me separaban de la oportunidad que cambiaría mi vida.

—¿Eres tú?

—Sí, señor. Soy yo.

—¿Seguro? No me estás mintiendo, ¿verdad? —insistió.

—Sí soy yo, señor.

—¿Quieres trabajar en la radio?

—Sí —contesté con firmeza.

—Pero esto no es un juego.

—Lo tengo muy claro.

—Ponlo al aire este sábado para amanecer domingo —le ordenó al Buki—. Entre las dos y las cuatro de la mañana, si es muy gallo, entonces que cante en la madrugada —y nuevamente soltó una carcajada.

Cuando dijo eso, quedé incrédulo. «¡Me está dando un turno de dos horas para ponerme a prueba!». Era tan grande mi emoción que me tuve que contener, quería gritar de gusto; le di las gracias, abracé al Buki y salí de ahí sintiendo que mis pies no tocaban el piso. Por primera vez dije como los gabachos: «¡*Yes, yes*!». Mi vida empezaba a tener sentido.

Tomé mi camino en busca de un buen restaurante —nada parecido a los de Enrique Olvera o Gordon Ramsey—, pedí una mesa, el platillo más costoso del menú (20 dólares), una copa de vino blanco y, solo, festejé mi victoria. Con la panza llena y el corazón contento regresé a casa cantando en mi carrito. Esa noche dormí como bebé.

Dicen que el que come y canta, loco se levanta, y yo estaba loco de felicidad.

La semana me pareció eterna, pero la pasé escribiendo y escribiendo, las páginas pasaban más veloces que el tiempo, al grado de llenar un cuaderno de apuntes; no podía quedar mal, era la oportunidad de mi vida y tenía que demostrar todas mis habilidades; mi voz estaría al aire, en vivo por primera vez en una estación de radio, y mi debut debía ser impactante. «¡Ahora sí, Carrito!».

En esa época, se usaban en la radio cartuchos como los de ocho *tracks* y máquinas de rollos de cinta magnética (*reel to reel*).

Finalmente llegó el sábado, yo estaba realmente ansioso esperando el momento, y aunque mi estreno como locutor fue de madrugada y en domingo, representaba un antes y un después para mí. Llegué desde muy temprano; mi debut era a las dos de la mañana y llegué a las diez de la noche del sábado. Andaba como gato enjaulado, de un lado para otro, muy emocionado.

El compañero de turno me instruyó con una breve explicación de los equipos del centro de control. Había un elemento esencial, un aparato con un cartucho y una gran etiqueta de letras grandes decía que «TIRO», y era obligatorio que, al decir el nombre de la estación, Radio Tiro, había que lanzar un disparo que era generado por el dispositivo.

Hoy, en este punto de mi vida, lo recuerdo con precisión, como si lo estuviera viviendo de nuevo: encendí el micrófono y, al arrancar el redoble inicial de la batería en la canción *Tu cárcel*, de Los Bukis, dije: «Radio Tiro (disparo), bienvenido al club de los desvelados, vengo dispuesto a no dejarte dormir. Prepárate, porque te vas a querer levantar a bailar y cantar hasta que amanezca». Sentí que miles de personas me habían escuchado: quizá algún gallo desvelado, un panadero como Sabino, un despistado o algún borrachito que sintonizaba la estación, aunque, seguramente nadie se dio cuenta de mi glorioso debut.

Puedes tener, hacer y ser todo lo que deseas.

Estoy convencido del poder de la atracción, que todo está conectado y que los pensamientos emiten vibraciones, que los sueños se manifiestan de una u otra forma, como consecuencia de lo que piensas.

Desde que estaba en Michoacán, en mí nació un anhelo, busqué una oportunidad como aprendiz en una emisora, me la negaron por falta de un diploma, llegué como ilegal a Estados Unidos y en el campo, en el pequeño radio portátil de una compañera de zanja, escuché un anuncio que decía: «No se requiere un certificado académico», y luego, en horario de desvelados conseguí un espacio en la cabina de una emisora, frente a un micrófono, al aire. Seguramente alguien estaba escuchando mis primeras palabras, o quizá no, no importaba. Las cosas fluyen a consecuencia de lo que atraen el pensamiento y las acciones. Los sueños se manifiestan con el esfuerzo y el universo hace su parte.

Ten el coraje de hacer lo que dicen tu corazón y tu intuición.

-Steve Jobs

Nadie supo sobre mi logro porque a nadie se lo conté, para protegerme de las burlas, pero luego se dieron cuenta. Un sábado, cuando el siguiente locutor no llegó, tuve que quedarme toda la mañana frente al micrófono y al mando de la consola. Estuve al aire desde las dos de la mañana hasta el mediodía, cuando mis paisanos, sorprendidos, escucharon mi voz en la radio. Confieso que tenía más alegría que hambre y ganas de hacer pipí, pero al mismo tiempo esa hambre se saciaba de otra manera, pues entendí las palabras que afirman que «no sólo de pan vive el hombre». Fue un tiempo en el que lo más importante era la colaboración, no estaba enfocado en la compensación. Dicen que la ilusión no se come, pero sí te alimenta.

Radio Tiro era la estación más popular de la región. El formato musical estaba compuesto por las canciones de moda, la vestidura o identificación sonora incluía un disparo, algo muy acorde con su nombre. A los locutores nos llamaban «pistoleros» y la programación incluía segmentos promovidos como «descargas» o ráfagas de éxitos. La emisora ostentaba el primer lugar de *rating*, pues tenía un lazo que amarraba bien con el gusto de los radioescuchas: los locutores eran de personalidad amable, jovial y un tanto *cotorros*, había concursos divertidos y regalos para los oyentes, siempre los mejores. Realmente nos interesaban la comunidad, sus gustos y sus necesidades, y los premiábamos con festivales masivos. Era una estación vanguardista.

Por supuesto que teníamos competencia: la legendaria KOXR La Mexicana, que programaba con un estilo musical vernáculo, dedicado a una audiencia más adulta, su locución estaba formada por personalidades reconocidas, como la del legendario Marco Antonio del Castillo, quien por muchos años tuvo un programa llamado *El mercadito,* un bazar en la radio donde los oyentes vendían pertenencias y ofrecían sus servicios.

Es difícil contar esta parte de mi carrera, a pesar de que representa la conclusión de mis primeros sueños.

Mi maestro de clases en la escuela era el conductor del programa matutino de Radio Tiro; en cierta ocasión, se fue de vacaciones y el director me pidió que lo supliera. Fue una sorpresa mayúscula: de turno los fines de semana a cubrir el horario más importante en la radio y, además, el de mi maestro, era un gran salto.

Teníamos una estación hermana que tocaba música en inglés, me gustaba mucho alternar con sus locutores y saber cómo hacían sus emisiones, sobre todo el de la mañana, *Q105 Morning Zoo* en el que participaban cuatro personas. Inspirado inconscientemente por eso, cuando el director me asignó para suplir en el programa estelar le pregunté qué debería hacer, su respuesta fue ligera y espontánea: «Haz lo que te dé la gana». «Ah, bueno…».

Como en la escuela tenía amistad con varios compañeros muy talentosos —entre ellos Jesús García, quien en una fiesta se disfrazó de Cantinflas— y ya que tenía permiso para hacer lo que me diera la gana, invité al Peladillo García y al Abel Pérez, Burro, para que me acompañaran en la edición matinal durante las siguientes dos semanas.

El director no escuchó el programa por más de una semana, pero cuando se acercaba el regreso de mi compañero y profesor, sonó el teléfono de emergencias en cabina, lo que indicaba que teníamos una luz roja para prevenirnos sobre una llamada de Brown Bear:

—¿Qué estás haciendo? —gritó—. ¿Quién te dijo que trajeras a esta gente a cabina?

—Usted me dijo que hiciera lo que quisiera —fue mi respuesta.

En seguida agregó dos frases que me dejaron atónito:

—¿Y ahora qué vamos a hacer? ¡Cuando salgas te espero en mi oficina!

Miedo. Bien dicen en *Star Wars* que «quien obtiene el poder siempre tiene miedo de perderlo». En ese momento, yo era un joven aprendiz de jedi con un pie en el lado oscuro. Estaba muy nervioso, prácticamente de patitas en la calle por no haber informado mis planes al director.

Al término del programa llegué a su oficina y toqué la puerta —no supe si con los nudillos o con mi cara de tonto. «Agárrate, Juan Carlos», me dije entre dientes.

—Pásate y siéntate ahí —esta vez no lo hice en el banquillo a ras de piso—. Tú te quedarás en el programa de las mañanas y lo haremos juntos. Se llamará *El Pocho y el Mexicano*.

Jamás me imaginé oír esas palabras; sin embargo, no todo es miel sobre hojuelas, un sabor amargo empañaba mi sorpresa al pensar en mi profesor, a quien se le asignó un programa por la noche a su regreso. Yo me sentía apenado, pues mi intención nunca fue afectarlo. Ahora me veía como un caballero oscuro que había traicionado a su maestro; sin embargo, a su regreso, él me felicitó: «John Charly, me siento muy orgulloso de ti; el alumno salió mejor que el maestro».

Esa lección fue la más importante que me dio. Nunca sentí que él estuviera enfadado, por el contrario, hasta la fecha, nuestra relación ha sido amigable y respetuosa.

La primera obligación de todo ser humano es ser feliz, la segunda hacer feliz a los demás.

-Cantinflas

El Pocho y el Mexicano no fue un proyecto duradero porque Brown Bear hacia apariciones ocasionales; creo que le costaba levantarse temprano, lo cual me permitió incorporar a un par de elementos y quedarme con el Peladillo. Resultó ser muy divertido, al menos para nosotros.

Como el *rating* de la emisora estaba subiendo, suponíamos que a la gente le gustaba lo que hacíamos.

El lenguaje era claro, directo y muy, pero muy auténtico, coloquial, orgánico y testimonial; nuestra limitada manera de expresarnos era fácil de entender por su mezcla de narrativas de la vida cotidiana, del pueblo; los temas que tratábamos provenían de experiencias propias, sin complicaciones o adornos. Dicen que, sin palabras, sin lengua, sin costumbres, sin recuerdos y vivencias no hay locutor.

Cuando estás lejos de los tuyos, vives inmerso en la nostalgia presente en el diario existir de la gente que permanece lejos de los suyos; igual que todos, los que estábamos tras el micrófono dejamos lo querido y llegamos a otro país, con costumbres distintas, para que los que se quedaron tuvieran un mejor vivir, así que elegíamos música alegre, de ésa que es medicina para el espíritu y que calma la soledad; hacíamos chistes para provocar carcajadas que sacan hasta una muela, contábamos anécdotas para valorar y no olvidar nuestras raíces, compartíamos información que comunicara buenas noticias, intentábamos hacer un mejor día para todos.

Cerrar los ojos después de que se activaba la ruidosa alarma, a las 3:30 de la mañana, era un riesgo que no podía correr, pues yo tenía la responsabilidad de despertar a quienes sintonizaban su despertador en Radio Tiro.

Me daba un baño, bebía un café y leía un periódico comprado en una tienda mexicana del barrio, ése era el arranque de mi jornada. En el pequeño almacén, aprovechaba para saludar y hablar un poco con la clientela que, sin saber, contribuía con ideas para el contenido de mi programa. Mientras conducía, el radio de mi carro sonaba en una estación de noticias al mismo tiempo que yo, como loco, calentaba mi garganta con sonidos guturales y vocalizaciones que más de alguna vez distrajeron a quien se detenía junto a mí en algún semáforo.

El programa iniciaba a las cinco de la mañana, a la hora en que se levantan las manos de los jornaleros que nos alimentan, así que había que darles los buenos días como héroes de lucha. La primera hora estaba dedicada a felicitar a los cumpleañeros; no parecía algo diferente a lo hacían en cualquier otra estación, la variante era que los celebrados eran papás o esposas que aún vivían en México, éste es un ejemplo:

> Doña Josefina, buenos días, mi nombre es Juan Carlos Hidalgo y la estoy llamando desde los Estados Unidos; hoy, en su cumpleaños, le tengo de regalo la voz de su hijo.

Esa conexión explotaba en el llanto de una madre y su hijo, felices de escucharse. Esta sencilla participación nos llegaba a todos, nos hacía llorar y recordar a los nuestros. Resaltábamos el valor y la labor del campesino, de los abuelos, vecinos, amigos de la infancia y las fiestas del pueblo. El formato del programa no fue fruto de ninguna estrategia, sino de nuestro carácter, una mezcla de añoranza y alegría con un toque de nostalgia. Nuestro programa terminaba a las diez de la mañana y yo salía volando para mi segundo empleo en la frutería; al acabar ahí, por la tarde, córrele, que llegas tarde a las clases. Cuando me dieron la oportunidad en la radio, fueron claros y me condicionaron a no dejar la escuela hasta tener mi certificado.

Si quieres ser mejor, tienes que trabajar más que los demás. Los mejores atraviesan más dolor, más fallos, más rechazos, más noes.

Al principio todo era emoción, espontaneidad y nada más, pero desde el inicio empecé a formar una estructura y una disciplina propias. Tenía que dar orden, prioridad y enfoque a las cosas.

En un momento de mi educación, Brown Bear, el director de Radio Tiro, se convirtió en mi maestro, una persona muy exigente y estricta, pero a la vez muy justa. Nos llamaba la atención si hacíamos algo indebido, pero siempre con razón. Esa disciplina ayudó mucho para que nuestra formación profesional fuera ordenada. Aprendí muchas cosas de él y, por supuesto, de todos mis compañeros, quienes siempre tenían un consejo o una sugerencia.

Siempre fui muy metiche; se dice que todos tenemos que aprender de todo y de todos los que nos rodean, así que rápido, con humildad, fui adoptando lo mejor de cada uno de mis compañeros; platicaba con quien fuera, desde los que barrían, hasta los ingenieros, quienes, por cierto, sólo hablaban inglés; quería saber el funcionamiento de los equipos de trasmisión, antenas, procesadores de audio, entre otras. Era una esponja tratando de asimilar e instruirme, porque todos aportaron algo a mi crecimiento profesional.

Hasta entonces, laboraba en la frutería, donde la clientela era, en su mayoría estadounidense. George, el dueño, y sus hijas sabían que trabajaba en la radio e impulsaban mi realización dándome el tiempo para cumplir con mis dos ocupaciones. Fueron una familia extraordinaria y una parte importante en mi historia como migrante.

Mi resolución de abandonar la frutería se produjo después de que, una mañana, Brown Bear me abordó en el pasillo de la estación, con una intensa mirada y esa amigable, pero firme voz:

Tus decisiones son la pluma con la que escribes tu destino.

—Juan Carlos, ¿por qué estás perdiendo tu tiempo? Si quieres ser un triunfador, tienes que dedicarte solamente a lo tuyo, es la única forma en la que vas a triunfar; ve y renuncia a tu empleo de vendedor de fruta en la esquina.

Hago una pausa para honrar a los migrantes que, sin otra opción, soportan discriminación, temperaturas extremas y sortean el peligro de las calles o autopistas para ganarse la vida vendiendo fruta. Yo fui uno de ellos, un indocumentado que se identificaba sólo con la licencia de Dios para salir en busca de un futuro mejor, y eso nadie debe criticarlo.

Me retiré en silencio, pero sus palabras tuvieron una gran resonancia en mi mente, aunque no tenía la más remota idea de qué iba a hacer para comer, pues en la radio era solamente un aprendiz voluntario y sin paga.

En la práctica, George me adoptó, pero llegó el día de informarle que me dedicaría en cuerpo y alma a la radio. Él me dio un abrazo y me invitó a su casa a cenar, me dijo que, por mis aptitudes, él sabía y estaba seguro de que yo iba a triunfar. Sus palabras tuvieron un significado muy especial e influyeron positivamente en mi vida.

George falleció hace algunos años y su recuerdo no ha muerto, vive en mi corazón; cada vez que me como una fresa, hay algo de él en ese sabor dulce.

Al día siguiente de mi renuncia en la frutería me presenté desde muy temprano en la radio, toqué la puerta de la oficina de mi jefe, quien al verme dijo:

—¿Qué haces aquí a esta hora? ¿No fuiste al puesto de fruta de tu papá el japonés?

—No, señor, renuncié ayer y vengo a entregar mi vida a mi profesión.

Aquel gigantesco oso café se levantó de un salto y vino a darme un fuerte abrazo:

—Vas a ser un triunfador y la gente te va a usar como ejemplo.

Si el plan no funciona, cambia el plan, pero no cambies la meta.

Cuando se dio cuenta de que, en efecto, la radio era mi pasión, el Oso empezó a pagarme, pero no en una cantidad suficiente como para salir adelante con mis gastos, que no eran muchos.

Me mudé nuevamente a Oxnard, con un compañero que me acogió: «Vente a mi casa, tengo un cuartito disponible, ahí puedes vivir mientras te alcanza para rentar tu propio departamento». Otros me invitaban a comer y todos, de una u otra forma, me hacían sentir en familia. Estuve con uno y luego con otro, todos hicieron mucho al ayudarme, hasta que tuve que intentar algo más, pero no dejar la radio; ya me urgía tener mi propio espacio, pues, como dicen por ahí, el muerto y el arrimado a los tres días apestan.

—Quiero ganar un poquito más de dinero —le dije a mi jefe, director y maestro.

—Los únicos que ganan más dinero en este negocio son los vendedores de publicidad.

Alguien dijo: «Si uno quiere hacerse rico, que se olvide de ser locutor y se dedique a otra cosa».

—Pues… yo quiero ser vendedor. Es algo que me va a servir —repliqué, por decir cualquier cosa. No tuve otra alternativa. Volví a recordar mi experiencia con las paletas y las naranjas en Tariácuri, además de mi fugaz paso por la industria de las cazuelas con teflón.

—Si entras al departamento de ventas, no podrás dedicarte más a la locución —fue la sentencia.

—Oiga jefe, pero yo no puedo dejar el micrófono…

—Vas a tener que escoger.

—Pues voy a probar el departamento de ventas.

—Piénsalo bien, porque esto no es a medias, tienes que entrarle al cien por ciento.

Una semana después, desesperado y arrepentido de mi decisión fui a buscarlo y al abordarlo me dijo:

—Te voy a regresar al micrófono: Haz tu programa y después te puedes ir a vender —esas palabras me impactaron y ahora fui yo quien le dio el abrazo.

Siento una enorme admiración y respeto por Brown Bear; en gran parte, le debo mi carrera. Creo que le caí bien. Hasta ahora me ha demostrado un cariño muy especial, y es recíproco.

En el oficio de vendedor me fue bien, por lo menos creo que no lo hice tan mal. Tengo gran admiración y respeto para quien se dedica al arte de las ventas; yo lo intenté, gané algún dinerito, pero, al final, comprobé que no era lo mío.

Si eres alguien que realmente ama su profesión, no deberías cambiarla por nada del mundo, aunque en las ventas haya más dinero.

La directora musical de la estación era Sahara del Sol, esposa de Brown Bear; la entusiasmaba su labor, pero mucho más su familia, y poco a poco me fue dando oportunidad de participar en la selección de canciones para agregar a programación; no teníamos los recursos tecnológicos de medición como los que existen hoy, nada de *charts*, *streaming* o vistas en YouTube. La única investigación práctica que solíamos hacer consistía en visitar los tianguis con puestos de discos, discotecas y preguntar qué se estaba vendiendo, más de alguna vez nos sorprendió alguna canción o artista muy solicitado ahí, pero que no se tocaba en la radio.

Esto me permitió explorar y desarrollarme como director musical, algo que no busqué y, sin saberlo, siempre me apasionó; aunque no llegó de la noche a la mañana, escuchar música siempre ha sido parte de mi esencia. Fue muy sencillo hacer la diferencia entre lo que me gustaba y lo que podía agradar a la gente, porque en esos años había bastante interacción telefónica con la audiencia que solicitaba sus temas favoritos.

Eso nos servía para hacer ajustes en la programación, aunque, obviamente, nuestro instinto siempre ha sido el principal factor en la selección de los temas.

Desde entonces, aprendí que cuando le das oportunidad a una canción, el mismo público te va diciendo si lo satisface o no.

Poco a poco me involucré más en decisiones de programación, Brown Bear me daba la confianza para opinar o elegir contenidos. Mi transporte consistía en un carrito medio destartalado, pero eso sí, siempre lavado y alineado, no tenía mayor atracción por los autos de lujo hasta que, un día, al llegar a la radio, vi estacionado el auto BMW 325I color gris de un cliente, Enrique, quien era el operador del supermercado más reconocido en la ciudad; observé el vehículo desde todos los ángulos, estaba maravillado con él cuando, desde la oficina, me gritó el propietario:

—¿Te gusta? ¿Quieres manejarlo?

Al mismo tiempo, por la ventana, me lanzó las llaves que apenas alcancé.

Fui con él a regresarle las llaves y le dije amablemente:

—Te agradezco el gesto, pero quiero guardar el momento para cuando pueda comprarme el propio.

Un par de años después pude hacerme de uno.

El poder de la atracción

La radio me llevó a conocer a personas que hicieron lo sobrado por mí. Como si el universo conspirara a mi favor, en 1990 un amigo hizo una recomendación para que me contrataran en la KSKQ La Súper KQ, una estación en la que soñé participar desde que la escuché por primera vez mientras pintaba la fachada carcomida por la sal marina en una residencia del barrio de ricos, en Palos Verdes, al sur de Los Ángeles. Me volví un fanático de la emisora; era una estación elegante, como se usaba en aquellos días; su estupenda presentación decía: «Súper KQ, la que oyes tú». El *jingle*, producido por Bebu Silvetti y Jorge Calandrelli, era una melodiosa tonadita que parecía sacada de la canción más bonita del mundo: «Más música en tu vida, Súper KQ».

La sobria entonación de los locutores engalanaba aquella emisora. Era un verdadero deleite oír las potentes y engoladas voces que advierten que lo que viene es mejor que lo que se fue: Raúl Ríos Olvera, Pepe Reyes y Mario López, todas figuras merecedoras del micrófono de oro. La señal de amplitud modulada (AM) de la Super KQ viajaba a la atmósfera para regresar a la tierra convertida en la banda sonora de la vida, que era amplificada por los receptores de los oyentes de todo el sur de California, así que en la frutería de George me deleitaba escuchando las narrativas radiofónicas de las emblemáticas personalidades, mientras acomodaba naranjas y manzanas de Washington envueltas en papel de cera.

Mi propósito era claro, no tenía duda alguna, iría en persecución de mi ideal: ser una de las voces detrás del micrófono mágico de la estación creadora de imágenes de ensueño en la mente de miles de oyentes, así que lavé mi carrito, le puse gasolina y tomé rumbo a mi cita confirmada en la ciudad de Los Ángeles; conduje desde Oxnard hasta Hollywood, donde las estrellas de la radio se divertían deleitando a la audiencia desde los estudios de la majestuosa Super KQ.

Pensé que encontraría un rascacielos, pues así de gigante me parecía la estación; las instalaciones eran de dos pisos en una reducida esquina de 200 metros cuadrados; era notable que habían aprovechado cada centímetro para albergar a la Súper KQ y a la FM 98. El rincón radiofónico estaba justo a un lado de la autopista 101, en el entronque de Sunset Boulevard y Wilton. Esto no me sorprendió en lo absoluto, pues yo venía de Radio Tiro, que estaba literalmente en medio de las parcelas de Oxnard.

Llegué con anticipación, me estacioné cruzando la calle, en un baldío que alojaba a más de un vagabundo con pinta de maleante y donde hoy día hay un Home Depot; los autos de los ejecutivos estaban resguardados por la vigilancia de un personaje al que llamaban Primo. Crucé la calle y en la recepción me dijeron:

—La persona a la que usted viene a ver ya no ocupa el puesto de programadora. Ahora el responsable es Pepe Reyes, y en este momento está al aire; ya se le informó y pidió esperarlo.

El pequeño recibidor era un espacio compuesto por un escritorio y un teléfono que acechaba; la recepcionista parecía operadora de las que conectaban las llamadas con cables: no se daba abasto para contestar, eso me distrajo un momento, pero mi atención volvió a la radio. En ese momento, una estrella de la música daba una entrevista, por su acento, pude distinguir que se trataba de la «española más mexicana», Rocío Dúrcal. El entrevistador era Pepe Reyes, entonces comprendí el motivo de la espera.

Yo estaba enchufado en directo escuchando la estación cuando vi bajar por las escaleras a la famosa, acompañada de una comitiva y de un personaje al que conocí años después, su nombre era Rafael Hauser (e. p. d.), empresario y representante de Vicente Fernández, Juan Gabriel, Joan Sebastian, Rocío Dúrcal y Ana Gabriel. Antes de partir, dieron sólo un par de autógrafos.

Valieron la pena las casi dos horas. Vicky, la amable recepcionista, me informó que Pepe sólo tenía cinco minutos para mí.

Estaba ilusionado con la oportunidad y en la mente acorté mi discurso.

—Papucho, pásale, cuéntame, ¿qué puedo hacer por ti? —dijo Pepe al verme.

—Pepe, qué gusto conocerte, te agradezco que me atiendas, voy al grano: vengo de Oxnard y estoy buscando una oportunidad para aprender de los grandes.

Le entregué mi carta de vida, que no era más que unas cuantas líneas y creo que él sólo entendió «¿Dónde empiezo a barrer?».

—Como aún no tengo oficina donde escuchar tu demo, lo haré en mi coche de regreso a casa y te llamo, ¿cómo ves?

No sé si causé una buena impresión: me despachó en menos de cinco minutos. Regresé a Oxnard de capa caída, pensé que no me llamaría y yo estaba muy ilusionado de ser parte de la gloriosa emisora.

El viernes, a media tarde, sonó el teléfono de mi pequeño departamento.

—Papucho, te habla Pepe Reyes. Te puedo ofrecer un turno de fin de semana, sólo que sería en la madrugada, ¿cómo ves, le entras?

—¿De inmediato? —respondí emocionado—. Gracias Pepe, ¿a qué hora empieza mi turno?

—Será mañana sábado a la medianoche, para amanecer domingo.

Me sentí bendecido, digno y satisfecho con la vida.

El sábado por la tarde preparé un sándwich y un termo con café bien cargado; con el cinturón ajustado, estaba listo para despegar directo a donde viven las estrellas: Hollywood. Puntual, a las doce menos quince de la noche, inicié mi aventura soñada detrás del micrófono de «La que oyes tú». No había nada más maravilloso que trabajar en la Súper KQ, en Los Ángeles, aunque fuera el horario del tecolote; lo que realmente importaba era que mi voz viajara por los conductos electrónicos, se escuchara con la potencia de 50 mil watts y vivir una experiencia que para mí era increíble.

Hasta donde recuerdo, mi fascinación por la radio comenzó cuando las voces se entrelazaban en el receptor de mi vecino panadero. Intenté, intenté y lo logré, no importaban los pagos, ni los horarios, aunque quizá a esa hora nadie me escuchaba.

Una de esas madrugadas, entre las doce y la una de la mañana, recibí una llamada en el teléfono rojo, ése que es sólo para el director o el dueño. Se encendió

Los líderes no crean seguidores, crean más líderes.

una alerta en la cabina, que consiste en un foco rojo que parpadea como el de los aviones. Me alarmé, pues nadie me indicó qué hacer cuando esa luz de alerta se encendiera; no sabía si estábamos fuera del aire o era una señal de terremoto. Yo volteaba hacia todos lados y no había a quién preguntar; en el teléfono, también parpadeaba una lucecilla roja, así que levanté el auricular y escuché una elegante voz que dijo:

—Y usted, ¿quién es?

—Juan Carlos Hidalgo, a sus órdenes —respondí sorprendido.

—Yo soy Pablo Raúl Alarcón —padre de Raulito Alarcón Jr., mi actual jefe y amigo. ¿Qué hace usted ahí y de dónde viene?

—Soy el locutor de las madrugadas y vivo en Oxnard.

—Y eso, ¿dónde está? —agregó don Raúl en tono relativamente divertido, dejándome con la impresión de que no sabía que Oxnard queda en la costa de California, entre Los Ángeles y Santa Bárbara.

—¿De qué país es usted?

—Soy mexicano, señor Alarcón.

—Se escucha tierno, pero me gusta su entusiasmo. Yo quiero mucho a su país, su gente es hospitalaria y hay mucho talento.

—Muchas gracias, señor Alarcón.

—Vengo de una fiesta; póngase unas de Juan Gabriel y de Vicente Fernández para alégrame el camino a casa.

Ésas fueron sus últimas palabras antes de dar las buenas noches.

El mejor homenaje que puede hacerse a las personas buenas es imitarlas.

-Concepción Arenal

Yo sabía que el señor Pablo Raúl Alarcón era un ejecutivo de la radio, extraordinario en todo lo que hacía. Su historia comenzó como la de un refugiado cubano que llegó a Nueva York en 1960, después de que el gobierno de Fidel Castro le confiscó su cadena radiofónica. Con gran sacrificio, luego de tocar muchas puertas y enfrentarse a un sinfín de noes, fundó los cimientos de la empresa de radio hispana más importante, que actualmente opera emisoras en las principales ciudades de Estados Unidos. «*Siñior*», como lo llamaban, pavimentó el camino para que nosotros tuviéramos un mejor andar en este país. Era un hombre valiente, con un espíritu emprendedor, amante de la música y gran comunicador. Dicen que en una ocasión cruzó hacia Tijuana sólo para comprar vinilos, sin ningún temor recorrió todos los almacenes y a su regreso venía escuchando en el auto lo que había adquirido, en un tocadiscos portátil, mientras su chofer manejaba a Los Ángeles.

Años después, tuve la fortuna de conocerlo; era un hombre cortés y un extraordinario conocedor de su industria, un señorón del medio. Siempre me identifiqué con él, pues compartimos el amor y la pasión desenfrenada por la radio.

El tiempo en el que estuve alternando entre Oxnard y Los Ángeles se extendió durante casi todo 1990. Dicen que nada bueno ocurre después de las dos de la madrugada, pero, para mí, aquel horario era lo mejor que me había pasado hasta ese momento; sólo vivía para un propósito: aportar algo positivo a quienes compartían el desvelo conmigo cada domingo.

Decían que ahí espantaban, pero frente al micrófono de la Súper KQ, en esas noches nunca se me apareció un fantasma ni sufrí la sorpresa de que algún espíritu maligno me asustara, aunque los compañeros hablaban de espectros de mujeres que recorrían los pasillos; creo que no estaban muertas y alguien las metía de contrabando. Debo confesar que sí le tenía miedo a que me ganara el sueño al volante mientras conducía de regreso a Oxnard; muchas veces tuve que detenerme al amanecer en alguna gasolinera para dormir un poco.

Los pensamientos te llevan a los propósitos, los propósitos a tus acciones.

Existe una historia que quiero contar y, para eso, voy a utilizar la máquina del tiempo que se construye con la memoria y la escritura, para trasladarme a diciembre de 1991.

Cuando escuchas al corazón, descubres mensajes invaluables en ese palpitar. Mi hermano Miguel (e. p. d.) vivía temporalmente en el norte de Sacramento, la capital del estado de California. Un día, me entró una gran ansiedad y tenía dificultad para concentrarme. Un jueves llamé a Ernesto, mi otro hermano.

—Neto, vayamos a darle una vuelta a Migue.

Yo tenía el compromiso de un festival el domingo y debíamos volver a casa el mismo día.

—Me parece buena idea, vamos el sábado —contestó Neto.

Aceptada la propuesta, el sábado, muy de madrugada, a las cuatro para ser exactos, tomamos camino hacia el norte. El trayecto por el Valle Central de California duró un poco más de cinco horas con dos paradas: una de gasolina, baño y recarga de café, y otra forzosa, porque se nos pinchó una llanta. Tuvimos que esperar que saliera el sol para conseguir un neumático de segunda mano, que ya estaba medio rodado.

Llegamos. Juntos, los tres carnales de Michoacán pudimos convivir y repasar anécdotas. Recorrimos la película de los Hidalgo de Tariácuri, reímos y revivimos las ocurrencias del abuelo José, las travesuras y aventuras con los primos y planeamos para el futuro. Fue un día de pizza y recuerdos al estilo Miguelillo.

Tomamos camino de regreso esa misma tarde, aún con luz del día. Por error, en lugar de ir por la autopista 5 Golden State Freeway, que te lleva en línea recta hasta Los Ángeles, tomamos una desviación un poco más tardada, rumbo a San Francisco, por una carretera costera. Le sugerí a Ernesto que siguiéramos para aprovechar y conocer otros rumbos, fotografiar con la mirada lo que no conocíamos y, de paso, alimentar nuevas expectativas.

El reloj luminoso en el tablero del carro marcaba las seis de la tarde mientras cruzábamos el Bay Bridge, que conecta a San Francisco con Oakland, el mismo que se derrumbó en el terremoto de Loma Prieta, atrapó a decenas de autos y dejó cientos de víctimas. Mi pensamiento no estaba en esa sintonía, pues en ese preciso momento nos encontramos envueltos por la luz maravillosa del atardecer; el sol rojizo caía imponente sobre ciudad, como si la incendiara con una caricia. La música mexicana, transmitida por la KBRG, ponía el *soundtrack* de aquel espectáculo. Subimos el volumen y una potente, alegre y dinámica voz identificó la emisora: «Escuchas La Fiera, salvajemente grupera».

Vicente Fernández, Los Bukis, más tarde Joan Sebastian y también Los Temerarios. Las bocinas del Audi negro de mi hermano retumbaban mientras los tonos del atardecer cambiaban sin avisar. Esa mezcla me provocó una reacción inesperada y le dije a Ernesto:

—Algún día, no sé cuándo, voy a trabajar aquí, en San Francisco.

No insistí en el tema durante el trayecto, pero mi mente tenía una curiosidad insaciable. Imaginaba a esa ciudad de colinas y rascacielos como el escenario de una película, tal como la recordaba del programa *Las calles de San Francisco*, que veía de niño en la casa de mi tío Manuel; estaba seguro de que esa bahía inmensa me ofrecía una gran oportunidad; no sabía cuándo, pero el corazón me hizo entender que debía trabajar ahí.

Nos ganó la noche a medio camino y ya no pudimos disfrutar de las bondades del recorrido por la autopista 101. Casi de madrugada, llegamos a Oxnard, ahí durmió mi hermano para luego retomar su camino hacia Los Ángeles. El calendario marcaba el 18 de diciembre de 1991. Sólo unos días después, como siempre, pasé frente a la oficina de Brown Bear y vi a dos americanos ahí; no me pareció extraño, pues él siempre tenía reuniones con distintos ejecutivos. El jefe me llamó con un grito de gran oso café y fue al grano:

—Juan Carlos, ven para acá. Mira, te presento a los señores Gabbert y Warren. Vienen de San Francisco y me hacen una muy interesante oferta de trabajo. Tienen una emisora de AM en el área de la bahía y quieren que yo vaya a programar su estación.

Como puse cara de no entender nada y tratar de entender todo, continuó:

—Ya les dije que a mí no me interesa, pero sería un error si no te llevan a ti.

Así se comunica Dios.

Me quedé frío, estupefacto. Apenas el fin de semana anterior le había dicho a Ernesto que algún día trabajaría en San Francisco. Resultó profético.

El gringo, que hablaba muy bien español, me preguntó:

—¿Te quieres venir? Te llevamos para que veas nuestras instalaciones y conozcas el mercado, todo lo que quieras, y luego te regresamos. Tú decides.

Hice un viaje de un par de días, mi amigo el Buki me acompañó y escuché su estación con mucha atención, anotando detalle por detalle, como si llevara una bitácora, lo mismo hice con las otras emisoras que trasmitían programación dirigida a los latinos. Recorrí la enorme bahía para familiarizarme con la población, analicé la estructura, crecimiento y distribución de la demografía utilizando estadísticas del censo y me di cuenta del alto porcentaje de latinos viviendo en el área, así que el potencial era grandioso.

Sería un reto mayor, porque nuestra emisora salía por amplitud modulada y nuestro competidor, La Fiera, estaba en una frecuencia de FM, que por la calidad de la trasmisión era algo mucho más novedoso en la radio en español y, además, estaba dirigida por Homero Campos, una de las figuras más experimentadas del medio. Hasta entonces, yo no sabía mucho de él, pero no había duda de que era un respetado programador. Sin vacilar, asumí el reto. «Vamos a hacerlo», le dije al empresario, quien me miró incrédulo y me bombardeó con una serie de preguntas; quería saber con precisión mi estrategia para elevar los *ratings*; yo no había preparado diapositivas o algo parecido, simplemente hablé con el corazón y le aseguré que no encontraría a una persona con el compromiso y la pasión que yo ofrecía.

Cuando quieres pasar el resto de tu vida con alguien, deseas que el resto de tu vida comience lo antes posible.

Las bendiciones no vienen solas. Mientras ocurría una nueva etapa en mi carrera, conocí al amor de mi vida. Durante la segunda semana de noviembre, a raíz de la celebración del Día de Acción de Gracias, *Thanksgiving*, conocí a Norma, hoy mi esposa; era una joven sofisticada y encantadora, de ojos ámbar, nacida en Jalisco. Su radiante alegría me cautivó desde el primer momento, cuando la vi en aquella iglesia de Guadalupe, del barrio más mexicano de Oxnard. Cuando Dante Alighieri conoció a Beatriz, también en un templo, se dispuso a cambiar la historia de la literatura, y ahí estaba yo, mirando a Norma, dispuesto a mover montañas, sólo que con una banda sonora un poco más ranchera.

Dicen que aprendes a amar a Dios en tierra ajena cuando te llega el agua a los aparejos. Yo andaba de capa caída, pues me había cortado una novia que prefirió regresar con su expareja, padre de su hija; no la juzgué, sus razones eran poderosas, y hasta le agradezco su desplante que me acercó a mi ángel de la guarda.

Cuando vi a Norma, me enamoré y ella sonrió porque lo sabía.

Soy católico, pero no un practicante muy disciplinado. Ese día me llegó el deseo de asistir a la iglesia. El lugar estaba repleto, era la ceremonia de las siete de la tarde del domingo. Encontré un espacio junto a la puerta para escuchar la misa de pie, sentía el frío de noviembre en la espalda y, de frente, el calor de Dios. Yo estaba atento a la ceremonia, el sacerdote Juan Vega pidió que los asistentes pasaran a comulgar y rápidamente se armaron dos filas que se extendieron a lo largo del templo; un aroma a fino perfume creó un aura a mi espalda y escuché un tono dulce y enternecedor pedir permiso, intentando hacer espacio entre un desconocido y yo. Dicen los santos que una experiencia mística comienza con un olor a flores, y yo no soy ningún santo, pero sí toqué el cielo.

Me estremecí al sentir el cuerpo de Norma pasando junto a mí; sólo la vi de ida, pero no le quite la vista de encima ni un segundo: su cabellera de rizos dorados cubría su espalda como la lámina de oro en un retablo barroco; mi mente, confundida por la indescriptible sensación que me provocó su presencia, no se concentraba en el cántico de los fieles, pero ¿cómo, si yo ya estaba colgado de una nube?

A su regreso, mi mirada se clavó en ella, como los lentes de las cámaras que opacan todo menos la figura de enfoque; sus ojos ámbar, sus rasgos faciales y la sinfonía de su cuerpo perfecto me mantuvieron por unos instantes en otra dimensión. En ese momento, todas las canciones de amor que había escuchado en mi vida cobraron sentido; entre tanta gente, sentí que sólo éramos ella y yo. Cuando Norma pasó junto a mí, nuestras miradas se cruzaron, fue amor a primera vista. Siempre me prometí no ser cursi, pero la conocí. Me volví el héroe de la historia, el director de la película y el espectador que acude al cine para que lo hagan llorar.

De golpe, se despertaron las mariposas de mi estómago que habían estado dormidas esperando por aquel instante perfecto.

Después del «vayan en paz, esta misa ha terminado» me di la vuelta y ella me esperaba de frente. (Boca seca, ojos saltones y mini infarto.)

—Yo te conozco —dijo suavemente con esa voz que ya nunca me dejaría.

—Yo también te conozco —respondí, seguramente con cara de bobo.

—Ah, ¿sí? ¿De dónde?

—De toda la vida —así de cursi y casi así de cierto. Sonrió y salimos de la iglesia, conversando entre la gente.

La acompañaban sus hermanas, quienes la apresuraban para seguir caminando; a los pocos minutos nos alcanzaron para formularnos media docena de preguntas y respuestas no solicitadas. Me despedí preguntando si la podía llamar.

—Si aprendes mi número, me llamas.

Como yo tengo mente de teflón, corrí repitiendo el número y lo anoté en la polvorienta ventana de mi carrito.

Mientras conducía rumbo a casa, me descubrí hablando solo; el corazón me latía muy fuerte y las manos me temblaban. Me preguntaba si ella estaría pensando en mí. Le decía a mi corazón que se tranquilizara, que ya habíamos encontrado al amor de nuestras vidas. «¡Es ella!», me repetía.

Nunca fueron tan largos el lunes y el martes, pero los aguanté sin llamarla. Finalmente, el miércoles tomé el teléfono. Me saludó la voz suave y agradable de su tía, María Gómez.

—Hola.

—Buenas noches, perdón por molestar, mi nombre es Juan Carlos Hidalgo. Conocí a Norma en la iglesia, el domingo; le agradecería si me permite hablar con ella un momento.

La verdad, esperaba una tira de preguntas, pero sólo hubo un «Permíteme joven, enseguida la pongo al teléfono».

Terminé nuestra primera conversación telefónica pidiéndole que me acompañara a la cena que mi empresa ofrecía a los empleados como agradecimiento.

—Mis tíos nunca me van a dejar ir contigo, si ni te conozco.

—¿Qué te parece si hablo con tu tía y le pido permiso?

Después del esmero en la solicitud, aceptó con la condición de conocerme en persona. Cuando fui por ella, su tía me sometió a una larga entrevista. Yo iba de traje, pues la cena y la ocasión lo ameritaban y, al final, creo que me dio el visto bueno. Minutos después, quedé sin palabras al ver a Norma bajar por las escaleras: hechizado por su sensual belleza. Mi mente enloqueció con una hermosa demencia y repetía que era la mujer de mi vida. Ella poseía la elegancia de una dama bella, honesta, segura y sociable.

Durante la cena, Norma impresionó a mis compañeros y amigos con sus grandes cualidades. Brown Bear conversó con ella brevemente y me dijo: «Esta mujer va a ser tu estrellita de la buena suerte. Juan Carlos, no la dejes ir, *she's the one*». Asentí emocionado. Así fue como, con pluma de punta fina, se escribieron las primeras letras de nuestra historia de amor.

No sé hacia dónde voy, pero te pido que vengas conmigo.

Después de mi visita a San Francisco para estudiar el mercado y las oportunidades, regresé emocionado y fui corriendo a contarle a mi novia sobre la gran oportunidad profesional que se me presentaba, lo que provocó un silencio extendido.

—¿Te quieres casar conmigo? Vámonos a San Francisco —solté así nada más, como quien se juega la vida a una sola carta.

—Pero ¿por qué te quieres casar conmigo? —respondió.

—Porque quiero bailar todos los bailes contigo —otra vez se me salió lo cursi.

—Sí, acepto —respondió sin titubeos; yo me sentí como uno de los héroes de las películas del Cine Hidalgo.

No fue una propuesta original o de rodilla en el piso y anillo de diamantes; yo tenía muchas ilusiones, pero sólo eso, así que fue una petición de ojos en el cielo y corazón en la mano.

Entramos en su casa y, sin más preámbulos, expusimos nuestra radical decisión nupcial a sus tíos, María y Tony Gómez, quienes la adoptaron como su hija desde que era niña. Su madre, había fallecido cuando Norma apenas tenía 5 años y su padre radicaba en México y yo no lo conocía.

La emoción del nuevo empleo de ensueño en San Francisco y que aquella hermosa jovencita aceptara casarse conmigo, provocó que se me pasara el pequeño detalle de llamar a don José López, su papá, para pedir su mano, así que se la pedí a sus tíos y se la hubiera pedido al mismísimo Vito Corleone, de la película *El padrino*, de ser necesario. La reacción fue lógica:

—¿Están locos? Se conocieron apenas hace un mes y ¿ya se quieren casar? —. Nos leyeron la Biblia, el periódico, las revistas y hasta los recibos del agua, la luz y el teléfono. Argumentaron de todo para desanimarnos, pero yo hice mi parte.

—Me salió una increíble oportunidad para trabajar en la ciudad de San Francisco y quiero que se vaya conmigo, les prometo hacerla feliz.

—Mire, joven, vaya en busca de sus sueños y pongan una fecha para casarse, por ejemplo, en seis meses, y si van bien las cosas, nosotros los apoyaremos en su decisión —replicaron ellos, objetivos y gentiles.

Claro que al retirarme trataron de convencerla: «Tú no sabes quién es él, estás tierna y él es un viejo colmilludo mucho mayor que tú, se está aprovechando de tu inocencia…», y le siguieron leyendo hasta los libros de primaria y las revistas de Condorito. «¡O me dejan casarme, o me voy con él!», respondió ella.

Acepté la propuesta de esperar seis meses. Yo quería que todos mis sueños se fueran en una sola maleta y entendí que debía volver por el más importante en mi vida: el amor de Norma. Emprendí mi viaje, me instalé e inicié la planeación del relanzamiento de La KOFY 1050 AM.

Solicité al empresario que me llevara a una tienda de discos para comprar música y fuimos a Discolandia, en la calle Mission, donde viven la mayoría de los latinos de la metrópoli. Pasé horas y horas hurgando y poniendo mi elección de álbumes en una enorme caja de cartón. Más tarde, cuando ya casi cerraban la discoteca, lo llamé y, al pasar por mí y cubrir la significativa cuenta, le pedí al jefe que me diera tres días para elegir el repertorio que formaría la programación musical.

Con dos reproductores de CD, audífonos, cuaderno y algo que comer, pasé setenta y dos horas escuchando miles de canciones que, si en los primeros sesenta segundos no me enganchaban, inmediatamente brincaba a la siguiente. Escuché todos los géneros que componen el arcoíris musical mexicano y dejé sólo las mejores cien, a través de un criterio simple de «ésta sí, ésta no». Hubo un disco que llamó mi atención y dije: «Esto está bueno, me gustaron cinco de diez canciones»; la artista no era mexicana, pero su voz y estilo provocaban cantar y bailar: *Selena y Los Dinos*. En esa época no había internet y no podía buscar en Google quién era esa cantante, pero me atreví a ponerla en la lista de las cien elegidas. Siguieron La Mafia, Los Bukis, Bronco, Los Temerarios y Joan Sebastian. La programación empezaba a tomar forma, era distinta a lo que originalmente tenía en mente, pero escuchando las canciones seguidas hacían una mezcla muy contagiosa. Listo, ya tenía la programación musical perfecta.

Yo iba preparado y produje las identificaciones institucionales para la emisora. Habían pasado cinco días y ya era viernes. Informé a mi jefe que el relanzamiento de la radiodifusora sería el siguiente día, el primer sábado de 1992.

Debajo de un sombrero hay un hombre ranchero que, con o sin dinero, es todo un caballero.

-Manuel Adán Contero

Hasta entonces, en esa estación de radio se tocaba de todo, como en botica, y no había consistencia; la presentación de la emisora era muy pobre y poco impactante, la música no predominaba, era hablar y hablar de temas sin mayor relevancia; ponían canciones pop, rock, salsa, merengue, mariachi, grupos y sólo les faltó algún tango. Ahora había que ordenar la programación y posicionarla con un modo definido enfocado en la comunidad mexicana.

Durante la semana, el dueño me preguntó a cuáles locutores íbamos a contratar.

—A ninguno, Jim —respondí.

—Pensé que querías correr a todos.

—De ninguna manera, creo que tenemos mucho talento en casa; habrá que darles *coaching* y dirección. Estoy seguro de que se convencerán de mi proyecto —concluí.

Todos fueron citados la tarde del sábado 4 de enero de 1992, la mayoría pensó que iban por su liquidación; sin embargo, los sorprendí invitándolos a construir la mejor estación de la bahía; al percibir su lenguaje facial, era notable la tensión y conjeturé que no estaban de acuerdo, que no les agradaba mi estilo y hasta podía leer en su pensamiento: «¿Y este rancherito con botas, sombrero y nopal en la frente de dónde salió?». Me dieron ganas de salir corriendo a comprar el libro *Como ganar amigos e influir en las personas*, de Dale Carnegie.

Les informé que a la medianoche nacería KOFY, la que se pega: «El lunes les daré instrucciones sobre el estilo de locución y presentación de la emisora». Yo sabía lo que buscaba. Les comuniqué sobre la llegada del Peladillo, mi compañero de cabina, quien venía en camino desde Oxnard para formar parte del programa estelar matutino y se incorporó al equipo de KOFY unos días después de mi arribo.

Yo aún no tenía un departamento dónde vivir, así acepté el ofrecimiento de rentar un pequeño cuarto con una bondadosa familia colombiana en la ciudad de Oakland, pero sólo mientras me ubicaba y decidía en qué área quería vivir; finalmente, pude rentar un departamento cerca del aeropuerto de San Francisco, y al principio compartí una pequeña habitación con el Peladillo: dos platos, dos vasos, un radio y una alfombra para dormir.

No había más que una colchoneta extendida en el piso. No recuerdo la incomodidad, sino la ilusión y la emoción de un nuevo desafío que sólo dejaba para planear cómo conquistar a los oyentes. Fueron noches largas, pero muy productivas; entre risas, íbamos zurciendo cada segmento. La imaginación, las vivencias, aventuras, costumbres y modismos daban pie para los temas del programa siguiente: nada extraordinario, ésa era la fórmula.

El Peladillo me pregunto:

—¿Cómo le vamos a hacer para atraer oyentes?

—Vamos a pretender que cada latino en esta ciudad tiene un letrero que dice «Hazme sentir importante» y verás que, dándoles especial atención y tocando la música que les gusta, en poco tiempo nos ganamos a la audiencia.

La conexión con nuestra gente fue inmediata, pues escuchaban a unos de los suyos tras el micrófono. Nos reíamos al aire hasta por no tener muebles en el departamento, preguntamos a los radioescuchas dónde hacían sus compras, dónde encontrar comida «casera», a dónde llevaban a su familia los domingos; éramos felices haciendo radio de la manera más simple, orgánica y sin complicaciones.

En La KOFY, antes escuchabas la música *fresa*, y ahora retumbaba la banda de Joan Sebastian, Ramón Ayala, Bronco, Los Bukis, Selena, Vicente Fernández, Los Temerarios y Antonio Aguilar.

Un día, me encontré unos discos de banda, pero no de tambora; eran interesantes por su estilo alegre y bailable: Vaquero's Musical,

Korita's Musical, Banda Móvil y Banda Machos, que sólo tenían dos canciones.

—Vamos a intentar con estas bandas a ver si pega el chicle.

—Juan Carlos, ¿estás seguro de que esto va a gustar aquí? —preguntaron, incrédulos, empleados y algunos locutores.

—Yo no vengo a ver si puedo, sino porque puedo vengo —y es que estaba absolutamente seguro; como responsable de la emisora, había tomado una decisión inalterable.

En mi primera visita, hice un recorrido por toda la región, desde San José a Santa Rosa y hasta Stockton; visité los tianguis, o la *pulga*, como le llaman en la bahía, hablé con empleados de tiendas y restaurantes, y me di cuenta de que la comunidad latina, en su mayoría, era mexicana; trabajaban en el campo, como jardineros, en la construcción, eran cocineros y lavaban platos, gente humilde que añoraba todo de su tierra: anhelaba oír una estación que los conectara en directo con sus raíces. Con quienes pude hablar eran originarios de Michoacán, Jalisco, Sinaloa, Zacatecas y un puñado de Centroamérica. No tenía dudas, sólo debía satisfacer el gusto de la gente, con música y temas relevantes, nada de ciencia.

En ese tiempo, los *ratings* se daban de manera trimestral; a mi arribo, la emisora tenía sólo 0.7, por lo que había que esperar a la segunda semana de abril para los primeros resultados. Debíamos tener calma y, honestamente, no esperaba un crecimiento inmediato; estos proyectos toman tiempo, yo había prometido que el crecimiento empezaría luego de seis meses, así que se requería paciencia y confianza en nuestro plan estratégico.

Cuando tienes hambre de éxito, te quieres comer al mundo, y nosotros trabajábamos hasta dieciséis horas diarias. Cada fin de semana podía ir a Oxnard a visitar a mi «bonita», quien ya me esperaba; el *placentero* viaje duraba cinco horas manejando por la costa de California. El paisaje dibujado de cultivos, los pintorescos pueblos y el amor eran cómplices de mi inspiración para que fluyeran las ideas. Siempre traía conmigo una pequeña grabadora de bolsillo en la que registraba mis pensamientos y el universo se encargaba de elegir cuáles hacer realidad.

Dispuesto a ser un novato cada mañana.

Los conocedores del medio me consideraban un novato en programación de radio, no era un director artístico o tenía una maestría en estrategias de posicionamiento de marcas o algo parecido, lo único era el impulso y la emoción conjugados con mi percepción.

DDM **Detrás del Micrófono**

a Emisora **KOFY-AM** de San Francisco, CA, Sobresale en Los Ratings

Paul Máltez, Locutor de 9:00 A.M. a 12:00 P.M.

Verónica, Locutora de 7:00 P.M. a las 12:00 A.M. de la media noche

an Carlos Hidalgo, Director de Programación de Radio KOFY, de San Francisco, quien inició el 1º de febrero de este año, lcanzó el nivel más alto de audiencia en la istoria según las últimas encuestas, en olo un mes. "Y apenas estamos empezando". Felicidades!   (415) 821-2020

Héctor Rossetti, Locutor de 3:00 a 7:00 P.M. hora tráfico

Nacho Alvarez, Locutor de 12:00 a 15:00 horas

Después de varios meses de trabajo arduo, con ciertas dudas aunadas a los nervios, llegaron los primeros *ratings*. Mi estación sacó números altísimos, para sorpresa de todos. Ya estábamos a la par de nuestra competidora. Los ejecutivos de ventas estaban felices, pues esto significaba un incremento en la comercialización; algunos locutores seguían incrédulos y otros se convencieron, y el dueño mostró una extraña serenidad con los resultados.

Un día después de que se publicaron los *ratings*, recibí una amable llamada para invitarme a un festejo organizado en honor de mi competidor, Homero Campos, por sus veinte años como profesional de la radio. Llegué en mi carrito polvoriento, sin sombrero ni botas, como me dijeron, en vez de eso, planché el traje de gala, el único que tenía, una camisa blanca y una corbata de colores festivos que resultó ser idéntica a la del homenajeado.

Mi adversario, quien era considerado el Rey Midas de la radio, tenía una personalidad imponente, respetuosa y de gran amabilidad. Esa noche, parecía que el anfitrión deseaba que sus invitados supieran quién era yo, pues me presentó con todos. Ahí había grandes figuras de la industria y yo conocía a muy pocos. Para la mayoría, yo era un desconocido y algunos dudaban de mi estrategia, sobre todo, los disqueros, que me cuestionaron por qué tocaba música distinta a la que ellos promovían. Sin querer, había hecho una radio sin compromisos y me di cuenta de que los éxitos no son necesariamente los elegidos por los ejecutivos de las casas discográficas. Es fundamental elegir el repertorio musical que verdadera-

mente representa la vida cotidiana de los inmigrantes, ésos que están tan lejos de los recuerdos y se han sacrificado por un futuro mejor para sus seres queridos, así que buscaba la que tocaba fibras, la que desperta-ba las emociones del pueblo, casi siempre ignorada.

Hoy empieza la mejor historia jamás escrita: la nuestra.

Habían pasado seis meses desde mi arribo a San Francisco, era día 15 y empezaba la tercera sema-na del mes de junio; los planes de matrimonio seguían inaltera-bles. La fecha del casorio estaba planeada para el 20 de junio de 1992. Mientras los preparativos avanzaban, yo continuaba haciendo lo mío en la radio, aunque era casi imposible estar en ambos lados, por alguna razón, durante esa semana el reloj parecía más lento, yo contaba los días, horas y los minutos hasta que se hizo jueves.

10:45 a. m. Apenas terminó mi turno en el programa matutino, subí al auto, que estaba impecable; en la cajuela había una maleta con algunos pantalones y camisas aún sin estrenar; en el asiento de atrás, viajaba colgado mi tacuche de etiqueta recién rentado. Puse algo de música e inicié mi alegre travesía por la carretera. Todo parecía perfecto. La abundante vegetación de diferen-tes tonos de verde dejaba adivinar la variedad de los cultivos en la costa central en California. Iba cantando y agradeciendo a Dios por todo lo bue-no que pasaba en mi vida. Avanzaba lento, pero sin pausas.

Llegué el jueves, dos días antes de la boda, con la idea de apoyar en los últimos detalles. «Mi amor, todo está listo», dijo mi futura esposa. Ella y su familia tenían control total de la organización. La quería con todas mis ganas y estaba ansioso por compartir la cama y mi vida con ella. Ahora eran dos los motores que conformaban mi entusiasmo: mi bonita y la estación de radio; yo era muy afortunado. A nuestra boda asistieron mis padres, que vinieron desde México, nuestros hermanos, amigos y algunos de mis compañeros de Radio Tiro y de la estación en la bahía de San Francisco (los que apoyaron mi proyecto). La fiesta fue espectacular, aunque con algunos momentos de confusión, pues llegaron personas conocidas que no estaban en la lista de invitados, y a los que sí estaban, pero llegaron tarde, los enviamos al restaurante del hotel, poniendo en aprietos a nuestro ya reducido presupuesto. El «baile del dólar» alivió un poco la angustia, pues nuestros amigos fueron generosos con nosotros.

Al siguiente día, en nuestra primera mañana juntos, iniciamos el camino a la luna de miel; escogimos ir a Carmel, en la bahía de Monterrey, California, un pequeño poblado con calles casi sacadas de libros de cuentos que se roban los suspiros a cada paso. Ya instalados en nuestro alojamiento, salimos a la terraza de madera que el tiempo se había encargado de desgastar con la brisa, sentados, disfrutamos de los paisajes marinos enlazados con el sol y con una copa de vino.

Los mexicanos aprendemos del fracaso.

-María Félix

Mis motivos de felicidad eran grandes. De un maletín lleno con apuntes e ideas, saqué el pequeño radio portátil que nunca dejé, ni por descuido, sintonicé mi estación de radio con la intención de presumir a mi amada esposa: «Ésta es La KOFY, la estación que programo».

Me di cuenta de que lo que escupía la bocina no era nada parecido al repertorio de canciones que yo había seleccionado: «¿Qué es esto?». Tuve que seguir escuchando en silencio.

Ella se dio cuenta de mi cambio de expresión y mi nerviosismo.

—¿Qué pasa? —preguntó

—Nada, no te preocupes.

El silencio se hizo presente, yo estaba desconcentrado. «¿Por qué han hecho estos cambios?». Apenas dos días antes habían salido los *ratings* del segundo trimestre y la estación seguía en el número uno. No entendía, y como en esa época no había celulares, no me pude comunicar con alguien que me explicara. Entendí que habían aprovechado mi ausencia para convencer al propietario y cambiaron el formato. Me sentía defraudado, y en la primera oportunidad, caminé hasta la recepción del hotel; desde ahí, muy inquieto, llamé a mi jefe y dueño de la estación, quien se extrañó mucho por mi llamada.

—¿Por qué me estás llamando? Se supone que te encuentras de luna de miel. Cuando regreses a la ciudad, hablaremos —eso fue todo lo que me dijo y colgó abruptamente.

Mi luna de miel se había salido de los rieles de una vía perfectamente trazada. Lo que había pasado era el equivalente a una despiadada traición laboral. Estaba experimentando ansiedad, pues, recién casado, no sabía si aún tenía empleo. Al regresar a la habitación, mi esposa estaba despierta, se dio cuenta de mi notable angustia y tuve que confesar lo sucedido. Al día siguiente, le propuse regresar. Quería estar a primera hora en la oficina.

Al llegar a casa tenía dos llamadas en la máquina contestadora. Una era de Homero, mi nuevo amigo y competidor, diciéndome:

—Hijo, qué poca madre lo que te hicieron—. Incluso él estaba informado sobre mi luna de miel. Continuó—: Con nosotros tienes las puertas abiertas.

Cuando Dios cierra una puerta, también abre una ventana.

La segunda llamada era desde Los Ángeles:

—Juan Carlos, me han hablado mucho de ti. Soy Alfredo Rodríguez, estoy con el señor Raúl Alarcón; tenemos la idea de lanzar un gran proyecto y nos gustaría que formaras parte. Espero tu llamada lo más pronto posible.

Llamé al ejecutivo angelino esa misma noche; era miércoles, y sin muchos detalles me dijo que lanzaría una nueva emisora el viernes a la medianoche.

—Me han dicho lo que estás haciendo en San Francisco, te queremos invitar a nuestro nuevo proyecto.

Puso al señor Raúl Alarcón al teléfono:

—Juanca, por favor, considéralo.

Fue la primera vez que alguien me llamó Juanca, y hasta la fecha, sigue usando ese acrónimo para referirse a mí. No tuve que pensar mucho, esa llamada era conexión del cielo y acepté de inmediato. Ni siquiera pregunté a cuánto ascendía mi compensación o la posición que me ofrecían, pero era seguro que tendríamos que competir con las emisoras más poderosas y con buenos locutores, pero, la verdad, a mí me atraen los obstáculos.

Hasta la vista, *baby.*

- Terminator

Estaba enfadado por la irrespetuosa acción de mi empleador y me sentía desolado. La decisión estaba tomada y esa misma noche escribí mi carta de renuncia. A primera hora, sin anunciarme, me presenté en la oficina del ejecutivo y de nuevo, sorpresa:

—¿Qué haces aquí? Deberías estar de vacaciones.

—En mi ausencia cambiaste la programación de la emisora, y sin avisarme —ofendido, le informé que había tomado la determinación de no seguir trabajando para él.

—San Francisco no es Oxnard —me dijo—. Ésta es una ciudad y esa música no es la que queremos para nuestra emisora. Preferimos música más joven y moderna, porque nuestro público está compuesto por ejecutivos que trabajan en las oficinas de la metrópoli.

—¿Quién te dijo que esta música no es moderna? Esto es lo único que tus oyentes quieren escuchar —repliqué—. Estamos en el punto clave para cambiar la historia y eres número uno, me contrataste para incrementar la audiencia de tu emisora y lo hice en ochocientos por ciento —protesté en tono no acostumbrado.

Superficialmente, sin que se lo pidiera y sin entrar en detalles, me informó que en mi ausencia varios de los locutores se unieron en una sola voz por el cambio de formato, y él aceptó.

—Tú eres el dueño y puedes hacer lo que quieras con tu emisora.

—¿A dónde vas a ir? —terminó preguntándome.

—Aún no lo sé, pero estoy seguro de que no puedo seguir aquí, aunque tenga que empezar desde abajo —respondí, mintiéndole.

Salí de su oficina y en los pasillos me encontré con algunos empleados que, al pasar junto a mí, escondieron la mirada. Regresé al auto, donde mi esposa me esperaba

Aquí se rompió una taza y cada uno para su casa.

con los brazos abiertos. Le comuniqué mi decisión y al día siguiente manejamos, directo y sin escalas, hasta Los Ángeles.

Tiempo después, la KOFY volvió al sótano de los *ratings* y los encargados terminaron cambiando a un formato con música de catálogo, en inglés.

Buenos días, Los Ángeles

Durante el trayecto me sentía muy raro, enfadado por la situación de San Francisco, emocionado por mi matrimonio e incierto por lo que me esperaba; había dicho que sí y ni siquiera sabía cuánto me iban a pagar y mucho menos dónde íbamos a vivir. Sentía mi cuerpo como si una gripa descomunal lo invadiera, con escalofríos.

Llegamos a Los Ángeles una tarde de agosto de 1992; nuestras pocas pertenencias cupieron en una camioneta de caja chica propiedad de mi cuñado. Gabriela, mi hermana, nos abrió las puertas de su casa y nos dio posada, hizo espacio en su cochera para guardar nuestra diminuta mudanza y nos cedieron su alcoba.

—No, cómo que nos van a dar su espacio más íntimo.

Ellos insistieron en dormir en la sala. A mí no me importaba tirarme en cualquier rincón del piso, lo hice muchas veces, pero mi familia se caracteriza por dar trato especial a sus invitados, una costumbre heredada de mi abuelita Rosa.

El sábado en la mañana, muy temprano, me apunté para recorrer la ciudad; el trayecto inició en San Pedro, una pequeña colonia situada junto a la playa de Long Beach, concluyendo en Hollywood, donde las instalaciones en color rosa albergaban la nueva estación. Me eran familiares el edificio, los estudios y el laberinto de pasillos, pues trabajé en lo que fue la Super KQ, y a partir del 2 de agosto la potente emisora llevaría el nombre de La X 97.9.

Cuando el tránsito es lento, en las autopistas de la metrópoli los autos van a vuelta de rueda y hay oportunidad de observar con claridad a quienes manejan en los carriles contiguos. Yo sólo veía personas con rasgos familiares, la mayoría latinos, y pensaba que la única manera de convencer a esos paisanos para que escucharan nuestra propuesta radiofónica era con la música que los conectara con sus raíces. Dicen que en la radio hay quienes se consagran, pero también quienes pasan inadvertidos y se olvidan; yo no quería ser uno de estos últimos, así que debía poner todo mi empeño en mi vocación y en la nueva aventura.

El gerente y jefe de la estación, Alfredo Rodríguez, me dio un caluroso recibimiento.

—Juan Carlos, qué bueno que llegaste, pásale para que conozcas a tus nuevos compañeros.

Todos estaban ahí desde temprano, no querían perder detalle de lo que sería el lanzamiento de La X, varios de ellos eran ya conocidos, como Elio Gómez, mi amigo, compañero y director del instituto de locutores del que me gradué en Oxnard. Hubo abrazos, saludos y felicitaciones; todos estaban emocionados por haber sido elegidos para el proyecto que pintaba para grande.

Alfredo venía de dirigir KWKW La Mexicana, una estación popular, cuyo formato enfatizaba en la música campirana, canciones rancheras de antaño y locución estilo celebre y nostálgico. Alfredo logró una excelente combinación entre lo tradicional y lo actual; su estación estaba muy bien programada y tuvo mucho éxito. Yo siempre fui admirador de su trabajo y de la plantilla de personalidades, como Jaime Piña, el Pito Loco; Pepe Íñiguez y Jaime Jarrín, ente otras grandes leyendas de la radio de Los Ángeles.

Nosotros veníamos de hacer una emisora con un formato más joven, de música grupera combinada con la technobanda que empezaba a sonar en México y tenía el latido y la energía para convertirse en el género de moda.

Al primer minuto del sábado 2 de agosto de 1992 fue lanzada La X 97.9, tal como estaba planeado. «Anoten esta fecha —dijo el gerente—, hoy se escribe un capítulo muy importante en la historia de la radio». Preguntó nuestra opinión sobre la programación musical; no quise dar una sentencia forzada, pues no había escuchado lo suficiente de la emisora. Yo tenía una visión un poco diferente, pues ya había visto el impacto de la technobanda en las calles en San José y San Francisco, California, pero me encontraba muy entusiasmado por abrazar la sabiduría de mi superior.

No seas un sabelotodo, en su lugar, sé un apréndelo todo.

-Jeff Weiner

Sugerí a algunos artistas y canciones, éxitos que empezaban a tocarse y me habían funcionado en La KOFY.

El nombre de La X 97.9 nació cuando Alfredo Rodríguez se inspiró en la frase de «México se escribe con equis» y en la coincidencia de que las siglas del aeropuerto angelino son LAX. Para identificar la estación, compuso un *jingle* con una tonadita parecida a la de «La Cucaracha, la Cucaracha, ya no puede caminar», y la pegajosa tonada dio en «La X, La X, noventa y siete punto nueve», que fue icónico; la gente lo escucha y sabe que lo que viene es algo muy bueno. Esa tarde de sábado, Alfredo me pidió que me ocupara del programa matutino, de inmediato le dije que necesitaba al Peladillo, pues éramos cuerpo y alma, y él se había quedado en San Francisco; lo llamé de inmediato y le dije: «Chato, sube tus triques a tu carro y ven a Los Ángeles lo antes posible». Arrancamos nuestro nuevo programa el lunes a las cinco de la mañana.

¡A sus órdenes jefe!

-Cantinflas en el *Patrullero 777* (1978)

Jesús García, mejor conocido como el Peladillo, nació en Jiquilpan, Michoacán, migró a Estados Unidos a una corta edad y trabajó con sus padres en las huertas de aguacate en Santa Paula, California. El mote de Peladillo fue actualizado al lenguaje de ese momento, por su picardía. Luego de ver una película de Cantinflas, nos dimos cuenta de que en una escena le decían «peladillo» al personaje, en vez de «pelado». De ahí surgió la idea de ponerle ese apodo. Fue un gran compañero, yo diría hermano, a quien quiero, admiro y respeto.

—Wow, chato, los sueños son como el agua, siempre vuelven; de Oxnard, fuimos a San Francisco, y ahora abriremos el micrófono para presentar a La X 97.9 FM en Los Ángeles.

En ese momento, se pensó que se trataba sólo de echar andar una estación con nuevas ideas. Yo digo que el asunto traía magia, porque empezábamos a escribir las páginas del suceso radiofónico más grande y fascinante en la historia de Estados Unidos, superando ventajosamente las barreras con los que algunos tropiezan en la búsqueda de su sueño americano.

Ni el Peladillo ni yo preguntamos sobre nuestra compensación, nos ganó la emoción y, bueno, yo no tenía muchas alternativas. Llegamos sin saber cuánto sería nuestro salario, pero como habíamos escuchado que los locutores de nuestra competencia ganaban millones, pensamos que de muy mal nos comenzaría a ir bien, pero, sorpresa, Alfredo nos informó que el lanzamiento de La X estaba sucediendo en un momento en el que la empresa del joven visionario Raúl Alarcón Jr. estaba en decadencia y tenía que hacer un cambio radical e inmediato en su programación.

En ese contexto, llegamos a Los Ángeles y nos dieron el turno más importante, el de mayor responsabilidad: *Mi acuerdo, que no me acuerdo, si en realidad tenía un acuerdo*. Alguien por ahí dijo: «Estamos como el burro del aguador, cargado de agua y muerto de sed». Adelante, que hay camino.

Mi esposa y yo estábamos recién casados y nos urgía tener nuestro nidito de amor, pero mis ahorros se fueron en la boda y aún no tenía suficiente para el departamento; algo me decía que pronto cambiarían las cosas, porque por lo menos tenía trabajo en la ciudad más importante para la radio en el país. Estábamos sorprendidos, pues mi salario inicial sería menor al que ganaba en San Francisco y debo reconocer que esta incertidumbre preocupó a mi esposa. Admiro la valentía de Norma y agradezco que nunca mostró inconformidad, aunque aquello no era lo que imaginaba cuando aceptó casarse conmigo. Sin hacer notable mi angustia, yo sufría por no poder darle más de lo que ella estaba acostumbrada. Parecía irreal, apenas unos días tuvo seguridad, lujos y un hogar en el que tenía todo, y unos cuantos días después de nuestra boda yo únicamente podía ofrecerle una ilusión y mi sueño.

En cuanto tuve unos dólares extra corrí a una tienda departamental y le compré un abrigo de visón, quería compensarla por no haberle dado desde el principio un hogar digno de ella. Llegué emocionado con su regalo y Norma, sorprendida y con una expresión amplificada por su voz, dijo que íbamos a regresar el obsequio inmediatamente, pues no estábamos para lujos y a ella no le hacía falta un abrigo tan caro.

Muchos amigos me han preguntado cómo fue que Alarcón Jr. y Alfredo Rodríguez decidieron que el Peladillo y yo nos hiciéramos cargo del programa estelar de la nueva estación. Alfredo no nos había escuchado nunca, sólo confió en nosotros. Todo fue muy rápido y comprendí que quizá nos habían elegido porque la empresa no tenía fondos para contratar a personalidades establecidas, y había que echar mano de lo que fuera. Desde el momento en el que tomé la decisión de abandonar San Francisco y establecernos en Los Ángeles, habían pasado tres días. Flacos y con muchas esperanzas, así empezó la historia de dos sonrientes michoacanos: Juan Carlos y el Peladillo.

Transcurrió el fin de semana y Peladillo llegó el lunes 4 de agosto de 1992 a las 4:30 de la mañana, apenas media hora antes de salir al aire por primera vez. Viajó en su *pick-up*, un vehículo chiquito cargado con pocas cosas en un par de maletas. Se estacionó a un lado de la puerta de acceso sobre la calle Wilton.

Recuerdo claramente, como si volviera a vivirlo. Cinco de la mañana en punto, K.L.A.X Long Beach, Santa Ana, Los Ángeles. Yo estaba un tanto nervioso y muy emocionado. Se encendieron los micrófonos y al grito de:

Bueenoooooos díaaas Looss Ángelesss, basta de estaciones aburridas (sonido de un burro rebuznando). Bienvenidos a la estación que tanto esperaste, La X 97.9. Somos Juan Carlos y el Peladillo. «¡A sus órdenes, jefeee!», asintió Peladillo.

Juan Carlos Hidalgo and "El Peladillo"

onsiders himself a star. own culture," Hidalgo reflects. "Par-
"People don't want to hear about prob- ents now feel better that their children
ms and bad news first thing in the are listening to music that their own

De pronto, retumbaron las bocinas con Vicente Fernández cantando *Como México no hay dos*. A partir de ese momento, intercalamos melodías alegres con un jugueteo, modesta picardía y disparates; queríamos terminar con la tristeza y despertar los sentimientos anidados en el pecho de los radioescuchas. Con mucha autenticidad, orgullo y de la manera más simple, hacíamos lucir nuestros sentimientos; con cierta dramatización, hablamos de nuestras tradiciones, de nuestro pueblecito, de nuestra gente, de nuestra patria, porque México lo tiene todo.

La X arrancó con música tradicional, pero en cuestión de horas fue transformando su estilo.

A la oficina de programación llegaban cientos de discos con novedades musicales, entre ellas, muchas technobandas y una en especial: Banda Machos. Alfredo quedó encantado por la propuesta de esa agrupación tan alegre y bailable; se eligieron ocho de diez canciones que venían en ese disco y empezaron a sonar: en ese momento se definió lo que sería nuestra propuesta musical; ahí nació la quebradita. Fue una transformación total que cambió la vida de millones de personas gracias a una fuerte tendencia musical.

El Peladillo y yo hacíamos al aire lo que sabíamos: hablar con los oyentes a su nivel y que ellos supieran que nosotros éramos genuinos. A todo le poníamos muchas ganas, parecíamos un torbellino, y eso nos trajo una respuesta positiva inmediata.

Desde que estábamos en Oxnard, acostumbrábamos a grabar un casete con nuestras intervenciones, eso nos permitía escucharnos e ir corrigiendo. Ese primer día en La X, escuché la cinta camino a casa y sentí la magia; así supe que la estación sería exitosa.

Todo fluía de manera natural; la programación se acomodó en poco tiempo, conforme íbamos detectando la reacción y las peticiones de la gente, a la que siempre le ha gustado llamar a la radio para solicitar sus canciones favoritas. Si pedían banda, había que ir en esa dirección.

Nadie estaba poniendo atención a la technobanda y la tendencia musical estaba cambiando a gran velocidad; se estaba abriendo todo un universo en la banda, algo diferente a lo que se escuchaba en ese momento y así, sorpresivamente, se activó una avalancha de canciones de amor y desamor con el nuevo estilo, incluso con artistas que hacían música de géneros muy distintos, a quienes no les quedó de otra que meterse de lleno en la quebradita.

La banda existe desde el siglo XIX, se originó en Sinaloa, luego pasó a la zona occidental y el centro de México. Primero la interpretaban agrupaciones instrumentales, conocidas como «tambora», o banda de viento, que casi siempre amenizaban las fiestas del pueblo con sus sones; la más grande era El Recodo de Cruz Lizárraga.

La technobanda es un género surgido a partir de la fusión de la banda sinaloense y lo grupero, que como resultado dio un sonido más rápido, alegre y bailable. Llegó al inicio de los años noventa; se originó en el estado de Nayarit y de allí se extendió por Jalisco, Michoacán y otros lugares de la república mexicana. Quizá muy poca gente lo sabe.

Entre las primeras agrupaciones estaban: Vaquero's Musical, Banda Móvil, Banda el Mexicano y Banda Machos, esta última fue la que explotó la quebradita y, a partir de entonces, el estilo se movió hacia artistas de la talla de Joan Sebastian, Antonio Aguilar y hasta Los Bukis, que grabaron canciones de este género.

El éxito de la radiodifusora se regó como la pólvora y reventó de inmediato, caminabas por la calle y en todos los negocios escuchabas la misma canción, parabas en un semáforo y el coche más próximo traía sintonizada la misma estación. Algo semejante pasaba en los barrios y en una y otra casa: se escuchaba el *jingle* cantadito de La X. Era un himno. Aquello era una locura, un impacto nunca visto.

Cuando el río suena, es que agua lleva. Recuerdo haber escuchado una de esas tardes a Renán Almendárez Coello, el Cucuy, un locutor de otra estación, y solté la carcajada cuando dijo: «Por ahí acaba de salir una estación donde los locutores llegan vestidos al estilo del viejo Oeste y amarran sus caballos afuera de la radio». Su sarcasmo tal vez tenía algo de cierto. Lo que sí les aseguro es que llegamos sin armas para defendernos y competir contra los locutores legendarios de la radio en español de Los Ángeles.

Teníamos muy poca experiencia; el Peladillo había comenzado conmigo apenas un par de años atrás en Radio Tiro, en Oxnard. Él estaba encargado de hacer el desorden y yo trataba de arreglarlo.

Todo era divertido, por ejemplo, el eslogan de la emisora salió de la nada; un compañero le preguntó a un radioescucha cómo se escuchaba La X 97.9 y el oyente respondió con entusiasmo: «De peluche». A partir de ese momento, ése fue nuestro lema.

Recibíamos cientos de llamadas todos los días, sólo para saludar o pedir una canción; en una de ellas, le dije a un radioescucha que presionara 979 en el teclado de su teléfono para activar su tema favorito.

La estrategia de marketing y posicionamiento no salió de la contratación de alguna agencia especializada, sino que todo fue orgánico. El público nos decía hacia dónde ir, no impusimos nada, sólo sabíamos que nuestro compromiso era dar la mejor atención a nuestros oyentes.

Sin que alguien me lo pidiera, un día, después de mi turno al aire, me encerré en el estudio de producción durante varias horas y escribí algunas líneas en un cuaderno amarillo, las grabé en una cinta de dos *tracks*, lo hice en diferentes velocidades, les monté efectos y el resultado fueron piezas de identidad. Una de las que más me gustó decía: «Pon tu radio en 97.9 y arráncale los botones».

Le mostré las grabaciones a Alfredo, el director, y me dijo que, a partir de entonces, me encargaría de vestir a La X. Ese tipo de producción agresiva y con sonidos poderosos gustó tanto que empezaron a contratarme para hacer las presentaciones que ponen los artistas al iniciar sus conciertos. Esos trucos los aprendía haciendo *spots* de conciertos con mi amigo el Buki, así que sugerí contratarlo para que fuéramos los encargados de la imagen e identidad de la emisora.

Hoy, después de treinta años, mi voz sigue identificando a la legendaria estación de radio y aún me piden que grabe los anuncios de bailes o conciertos. Esto alimenta mi ego. A mi hija le encanta imitarme diciendo con voz fuerte: «Laaaa Razaaaa».

El talento es un regalo de Dios, la fama es resultado del trabajo de un hombre.

-Vicente Fernández

Después de dos semanas del lanzamiento, fuimos a una promoción en las calles, de esas a las que en el medio llamamos «control remoto»; llegué acompañado del Peladillo y un compañero. Llevábamos diez playeras y diez discos para obsequiar. Regularmente, a esos eventos especiales llegaban veinte radioescuchas, y si iba muy bien, máximo cincuenta personas. Ese día, manejábamos un vehículo medio destartalado, era una camioneta tipo vagoneta que ni siquiera estaba rotulada aún con el nombre de La X. Era domingo y notamos que muchos autos salían de la autopista por la que nosotros teníamos que pasar. El tráfico estaba bastante congestionado y nuestro acompañante fue a ver qué sucedía, regresó bastante agitado y nos dijo:

—Toda esta gente viene a verlos a ustedes.

—¿Qué? ¡Son miles de personas! —comentamos después de dar un primer vistazo.

El *modesto* evento sería en un supermercado. La multitud era enorme y había que decir a la gente que no estábamos preparados. No teníamos equipo ni seguridad, ni los regalos suficientes. De una u otra manera, la policía ayudó a hacer filas y pasamos toda la tarde firmando autógrafos en donde se podía, tomando fotos y hablando con los asistentes; regalamos amor, abrazos, tiempo, atención y sonrisas, muchas sonrisas. La mayoría de los asistentes se fueron satisfechos y agradecidos. Esa tarde —la primera— se registró como la más concurrida de todos los controles remotos en la historia de La X 97.9. Unos simples locutores fueron recibidos como artistas exitosos.

El Peladillo y yo nos mirábamos y reíamos. Aquella fue la primera vez también para nosotros.

Al día siguiente, hablamos con Alfredo, quien desde temprano ya se había enterado del sorpresivo éxito.

Como la estación se había lanzado el 2 de agosto, y ya se venía septiembre, había un compromiso previo para participar en el tradicional festival celebrando la Independencia de México en la plaza Olvera, icónica del centro de Los Ángeles.

Todos los nuevos artistas querían participar en el festejo, pero había que solicitar a la Banda Machos, que ya sonaba con *Un indio quiere llorar*, y era el gran *hit*. Preguntamos si el grupo podía venir desde Jalisco. La respuesta fue afirmativa.

Y el 16 de septiembre se esperaba una buena asistencia, pero nunca un mar de gente difícil de controlar. Para colmo, el escenario era muy pequeño y las autoridades no sabían qué ocurriría; había cientos de policías a pie, a caballo y helicópteros, pero como nuestra gente es noble, el comportamiento de los angelinos fue de primer nivel.

Lo insólito fue que los integrantes de Banda Machos no tenían visas para venir a Estados Unidos. Pasaron como ilegales, como lo hice yo en dos ocasiones, por los cerros de Tijuana a San Isidro, como lo hicieron y lo hacen miles de los fanáticos que corean sus canciones.

No sé cómo hicieron nuestros amigos de la disquera para movilizarse hasta Tijuana, sin que supiéramos los detalles y aunque algo tarde, los *machos* llegaron al festival. Fue una locura.

Lo importante no es llegar primero, sino hay que saber llegar.

-José Alfredo Jiménez

En esa época, los *ratings* seguían saliendo cada tres meses. Agosto sorprendió, pero cuando llegó el último trimestre del 1992, los indicadores de tendencia eran altísimos, y para enero de 1993 pronosticaban una gran sorpresa: estábamos en el aplastante primer lugar de sintonía sobre todas las emisoras angelinas, latinas y no latinas. Hay una anécdota que cuenta Raúl Alarcón Jr.:

> En víspera de que salieran los *ratings* definitivos, el CEO de Arbitron, que ahora es Nielsen, la empresa encargada de los índices de audiencia, vino a Los Ángeles e invitó a cenar a Raúl Alarcón en un lujoso restaurante de Beverly Hills. Estaban platicando cuando pasó junto a ellos un artista muy famoso. Era Rod Steward, que reconoció al ejecutivo de Nielsen.
>
> —Oye, ¿cómo estás?
>
> Luego de un apretón de manos Rod Steward le dijo:
>
> —Qué escándalo hay aquí. ¿Cómo es eso de que una estación que toca música mexicana para circo es número uno en Los Ángeles?
>
> —Sí —respondió el ejecutivo—. Y él, mi amigo aquí presente, es el dueño de esa emisora.

Fue una de las tantas reacciones a la noticia de que La X era número uno, por encima de todas las emisoras en el mercado, y por serlo en un área tan latina, tan importante y poblada, se convertía en el abrumador primer lugar en todo el país.

Quien golpea primero, si lo hace con bastante fuerza, quizá no tenga que golpear de nuevo.

-El señor de los anillos (2001)

Curiosamente, durante los mismos días en los que nosotros nos establecimos en la ciudad, también llegó el famoso Howard Stern. Venía como la gigantesca superestrella de la radio, ganando decenas de millones de dólares, mientras nosotros apenas podíamos comer con lo que nos pagaban. La KLSX FM 97.1, tenía siglas y estaba en una frecuencia que se parecía a la nuestra: KLAX 97.9

Nosotros, por la emoción de los acontecimientos ocurridos hasta ese momento, ni sabíamos quién diablos era Howard Stern ni qué había detrás de él: una maquinaria humana de equipos de producción y guionistas, una campaña nacional de marketing y publicidad valorada en millones de dólares. Y menos imaginamos que fuera nuestra competencia directa en las mañanas.

Nos informaron que Stern era algo así como un insolente magnate del micrófono, irreverente para algunos, grosero para otros; un personaje fabricado y sustentado por un sector poderoso de la industria de la radio, un *monstruo* casi intocable. «De lengua me como un plato», decía mi abuelo.

Mientras tanto, nosotros, dos rancheritos con sombrero y con apariencia y título de «inexpertos» —como lo decían los ya experimentados del micrófono— lo habíamos derrotado desde el interior de una pequeña y modesta cabina en una estación en la que se hablaba, se cantaba y se soñaba en torno a otra cultura, la que se define en el español que nos enseñaron nuestros padres y abuelos, la misma

que enorgullece a nuestra audiencia y se manifestaba de manera tan ostensible y sonora en las calles, avenidas y bulevares de Los Ángeles y del sur de California.

Profesional del escándalo verbal, Stern fue quien habló primero de fraude, refiriéndose al inusitado hecho de que La X lo estuviera derrotando en el *rating*, lo que él, un segmento de la opinión pública y otras personas, incluyendo medios nacionales, consideraban imposible.

L.A.'s Top DJ: He's Not Stern

■ **Radio:** KLAX's morning host Juan Carlos Hidalgo mixes laughs, rancheras and a gentle 'buenos días' to listeners. He topped former ratings king Howard Stern in the latest Arbitrons.

By JONATHAN WIDRAN
SPECIAL TO THE TIMES

'**B**uenos días, Los Angeles!"
Taking his cue from Robin Williams' charismatic character in "Good Morning, Vietnam," KLAX-FM (97.9) morning drive-time deejay Juan Carlos Hidalgo awakens the city's Latino community at 5 a.m. with an amusing take on this greeting, which sets the humorous tone he takes with listeners for the next five hours.

"People don't want to hear about problems and bad news first thing in the morning," Hidalgo, 27, says in explaining his lighthearted approach. "We make them feel better about the things they face every day by simply making them laugh."

The only one, it seems, who isn't amused by Hidalgo these days is Howard Stern, whose syndicated show on KLSX-FM (97.1) was edged by KLAX in the most recent quarterly Arbitron

ratings, for winter '93. Hidalgo attracted 6.5% of the audience to Stern's 6.3%.

This upset, which sent shock waves through the local radio market and the disbelieving Stern camp—just as happened three months earlier when KLAX itself had surged to the top of the ratings among stations—proved once and for all that KLAX's combination of personalities with *ranchera* (country) and *banda* (wind instrument-oriented) music has made it L.A.'s most-listened-to spot on the radio dial.

Though never imagining such quick and resounding success for his show, which debuted last Aug. 3, Hidalgo attributes his lofty numbers to the casual and amusing approach he takes in relating to his listeners. And, in clear contrast to the raciness that seems to be Stern's bread and butter, Hidalgo attracts many people by keeping his humor squeaky clean.

"The first thing we do is have fun on our show, but we stay away from dirty **Please see HIDALGO, F8**

BOB CAREY / Los Angeles Times
Juan Carlos Hidalgo: "We talk to everybody like they are our friends."

«La gente se equivocó, y en vez de escribir KLSX, pusieron KLAX en los formularios con que se hacen los *ratings*»: ése fue su único argumento. Así se desató el escándalo noticioso, lo cual precipitó la presencia en nuestro estudio de todos los medios, desde Jacobo Zabludovsky, de Televisa, México; enviados especiales de CNN, ABC, NBC, Univisión, Televisión Española y hasta la BBC de Londres, con su equipo informativo en pleno. Lo fenomenal para ellos era que había una estación de radio en español y que ésta se convirtiera en la número uno de Estados Unidos.

Entremezclando nuestro idioma y un muy limitado inglés, en entrevistas dábamos a conocer nuestro punto de vista. De todas partes vinieron a cubrir la noticia. Fue enorme el escándalo, un logro alcanzado en apenas tres meses.

Esta parte del éxito comercial de La X es importante. Al llegar al número uno, se hizo una reunión ejecutiva con todo el personal encargado de la venta de publicidad. El señor Rodríguez, gerente, hizo una pregunta clave:

—¿Alguien me puede decir el costo por *spot* en las emisoras KIIS FM o Power 106?

Aunque en inglés, estas dos emisoras enfocaban su estrategia de programación y marketing para atraer a sesenta por ciento de los latinos, los de tercera generación.

—1, 200 dólares por minuto.

—Pues eso es lo que a partir de hoy cuesta un *spot* en La X 97.9 —concluyó el jefe, lo que causó un gran revuelo entre los ejecutivos, que estaban acostumbrados a una venta de 100 dólares por *spot*. En un par de meses se dispararon los ingresos de la empresa a niveles nunca imaginados.

Los fanáticos de la nueva estación pedían conocer las instalaciones donde la magia era generada; empezaron llegar cientos de personas solicitando las dejaran saludar a los de botas, sombrero y corazón sincero. Hacían largas filas en la banqueta frente a la radio para dar un breve tour por las instalaciones y saludarnos, aunque fuera por la pequeña ventana, desde lejos, cuando pasaban frente al estudio, como yo lo hice afuera de la cabina de una radiodifusora en Zacapu, cuando era muy joven.

La gerencia tuvo que designar a dos empleados en doble turno para organizar a los grupos de visitantes, a diario y durante todo el día. Lo increíble fue que, gracias a encuestas científicamente realizadas y evaluadas, terminamos dándonos cuenta de que habíamos conectado con oyentes de todas las edades, es decir, con toda la familia: niños, jóvenes, papá, mamá, abuelos y hasta con el perro. Todos los niveles socioeconómicos de la comunidad de habla hispana escuchaban La X 97.9.

Los jóvenes latinos, que sólo escuchaban música urbana en inglés, empezaron a cambiar sus conductas de pandillerismo y violencia y formaron clubes usando los nombres de sus canciones favoritas, las que tocábamos en la estación, y contratando a un DJ hacían fiestas familiares y vecinales en los patios de sus casas los fines de semana, en las que recibían a los locutores en calidad de padrinos. Había muchos clubes, pero el que más me hacía sentir orgulloso era uno de veinticinco niños, a quienes apadrinamos con el nombre de El sheriff de Chocolate; otros se hacían llamar Sangre de indio, Las vaqueritas, Hermosas tiranas, Club Casimira, El viejo joven y decenas más.

Fue algo histórico. Poca gente tiene la oportunidad de ser parte de algo tan grande y me tocó vivirlo; fue un fenómeno social que todavía me llena de orgullo. Muchos padres recuperaron la comunicación con sus hijos nacidos en Estados Unidos; este movimiento musical levantó muchas cejas en la sociedad, que aplaudía el significativo cambio social de los latinos. Los muchachos dejaron sus pantalones largos y aguados por jeans apretados, cinturón, camisas vaqueras y sombreros que los hacían sentirse nuevamente orgullosos de su folclor, de sus raíces, de su cultura, del país de sus padres y de su gente. Fui parte de una de las estaciones en español más exitosas que han existido. Es muy emotivo recordarlo.

No hace mucho, llegué al mostrador de una aerolínea en el aeropuerto de Los Ángeles, solicité un cambio de asiento y la simpática dama de atención al cliente me dijo:

—Claro, enseguida le hago el cambio, *padrino*.

Sorprendido, reconocí a Angélica, una integrante del Club Casimira, de la época de la quebradita, en 1993.

Otra anécdota muy significativa ocurrió cuando una señora me abordó en el aeropuerto en Guadalajara:

—Señor Hidalgo, gracias a la beca que le dieron a mi hija ahora ella es una exitosa abogada que sirve a la comunidad de habla hispana.

Y es que, a finales de 1995, UCLA otorgó diez becas a estudiantes latinos que fueron seleccionados en nuestro programa.

La X 97.9 dejó una huella muy marcada en la cultura popular.

Regresando a 1993, y con motivo de la celebración del 5 de mayo, se organizó un espectáculo masivo en el que se presentaron los artistas más populares del momento en un gigantesco escenario, en el estacionamiento del estadio Coliseo. Participaron Los Tigres del Norte, Banda Machos y un desfile de agrupaciones nuevas que querían ser parte del magno evento. Se esperaba una asistencia de veinte mil personas, pero la expectativa era tan grande que muchos asistentes durmieron en donde pudieron acomodarse para asegurar un buen lugar durante el espectáculo; la muchedumbre era algo que jamás habíamos visto. Asistieron más de cien mil personas; se tuvo que acondicionar no sólo el estacionamiento, sino la arena deportiva con pantallas, de tal manera que todos pudieran ser parte del histórico concierto. De acuerdo con las autoridades y directores del complejo deportivo, nunca hubo un festejo de 5 de Mayo como el organizado por La X 97.9.

Dios quiere que la mujer siga a su marido a donde quiera que vaya, aunque tenga que acompañarlo al peligro, al sacrificio, al martirio.

-Gloria Marín, *Si Adelita se fuera con otro* (1948)

¿Quiénes se casan por amor, sin tener siquiera dónde dormir o qué comer? Ésos éramos nosotros, mi esposa y yo en 1992. Todo nos faltaba, desde la raíz de un árbol que nos protegiera hasta las hojas que nos hicieran sombra, pero a estas alturas ya teníamos un departamento, una mesa y dos sillas; eso fue lo primero que hicimos con responsabilidad, todo lo demás sonaba a unas fascinantes ilusiones.

¿Quería ser locutor? ¿Quién me dijo que pagaban bien? Todo era vivir por amor al arte de la radio y por el amor a mi esposa, quien se había casado con un loco que deambulaba como un cirquero sin tener un punto fijo dónde lamerse las heridas. Y sin exagerar, teníamos las mismas ropitas, cobijitas y una almohada que a la hora de dormir nos unía labio con labio.

Una tarde, a la hora de la cena, mi esposa me dijo:

—Creo que necesitaremos otra silla.

—¿Para las visitas? —pregunté.

—No, para una personita que traigo aquí en mi pancita.

En ese instante hice a un lado mi plato y me fundí en un abrazo con Norma. Mis lágrimas fueron testigos para celebrar esa gran noticia. Ser padre por primera vez es un sentimiento único e inexplicable y produjo un efecto que me levantó del piso, además, me animó para pedir un aumento en el trabajo que ya no me pudieron negar.

Yo estaba loco, imaginaba a mi hijo en los brazos y verlo a los ojos, pensaba en sus manos, en el olor de su piel recién salida del cielo. Idealicé el momento de poder comunicarme con él y que escuchara mi voz cálida desde el vientre de su mami. Me preparaba para ver su primer intento fallido de dar un paso frágil y tembloroso, para llevarlo a su primer día de clases y que se negara a quedarse sin la protección de su madre.

Mi esposa reía a carcajadas cuando repetidamente me acercaba a su panza y le decía: «Espero que te parezcas a tu mami, ella es muy bonita».

En nuestro programa de radio nos atrevíamos a ventilar casi todo sobre nuestras vidas: situaciones de nuestros matrimonios y experiencias de familia, entre otras cosas, que alguna vez nos metieron en aprietos. Yo hablaba del embarazo de mi esposa e hice una encuesta al aire sobre la elección del nombre para el bebé y pedía consejos a las madres de familia.

Cuando se cumplieron los nueve meses, teníamos todo listo; estaba a punto de llegar a este mundo un varón. Yo debía estar pendiente; sin embargo, no falté al programa hasta que el 19 de marzo de 1993, a las siete de la mañana, el teléfono de emergencia en cabina sonó, era mi esposa y la pusimos al aire, cuando se dio cuenta me dijo:

—¿Podemos hablar en privado, por favor?

—Ay, amor, ¿qué me puedes decir que no sepa nuestra audiencia? Si hasta saben cuándo me mandas a la tina del baño. Ya, dime, nuestros oyentes son como nosotros, con las mismas necesidades y problemas del diario vivir. Ándale, que todo el mundo se entere.

—Que tienes que venir, pero ya, porque voy saliendo al hospital, Leonardo, tu hijo, ya viene en camino.

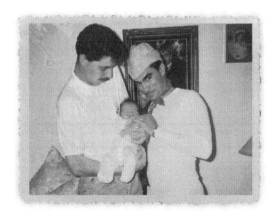

Peladillo lanzó un diana, aplausos y gritos. El nerviosismo de padre primerizo me dejó paralizado por unos instantes, pedí permiso a la audiencia y salí corriendo; ya en el auto, cuando sentí que ya no me veían, grité como loco; estaba muy feliz, mi mente empezó a fantasear y se me ocurrió trasmitir el parto desde el lugar de los hechos. Por supuesto que era inconcebible que el hospital nos permitiera semejante locura.

Leonardo nació a las 12:50 del viernes 19 de marzo de 1993.

La siguiente mañana di una extensa narrativa con delicados detalles y chistes agregados, por supuesto; mis oyentes conocieron a mi hijo por mis relatos. Qué bueno que en esa época no había redes sociales, porque quién sabe qué hubiera publicado.

En el momento en el que escribo estas líneas, Leonardo tiene 29 años, radica en New York, es ingeniero en Diseño de iluminación de espectáculos, principalmente en obras de teatro; es creativo, inteligente y con carácter, como su abuelo.

Me siento pleno porque, igual que yo, mi hijo disfruta al máximo su trabajo. Leonardo me estrenó como padre, me regaló su primera sonrisa, vomitó en mi hombro y yo llevo en la bolsa un pañuelo con sus mocos, tal como mi madre lleva los míos. Los hijos son la manifestación más hermosa de la solidez de una unión.

Lunes 17 de enero de 1994, 4:30:55 de la madrugada. Mucho antes de salir el sol, un violento terremoto despertó a los angelinos y, al amanecer, se reveló la devastación.

Los terremotos despiertan lo mejor de las personas.

Como todos los días a esa hora, yo estaba en la regadera, todavía con los ojos cerrados; el agua no hacía lo suyo para despejar mi cansancio cuando fui sacudido con tal agresividad, que desperté de golpe y salí expulsado del pequeño espacio. Aún enjabonado, y como pude, corrí a cubrir a mi esposa y a mi pequeño Leonardo.

El movimiento fue trepidatorio. Recuerdo que estábamos tirados debajo del marco de una puerta, mirando hacia la ventana por la que entraba una destellante luz naranja que aumentaba el pánico de mi esposa. Era una mañana con neblina densa y la luminiscencia era provocada por el fuego de las chimeneas en las refinerías que rodeaban la zona de San Pedro y Long Beach, las cuales quemaban en automático los productos inflamables para evitar explosiones. Fueron treinta y cinco segundos largos e intensos, que dejaron el suelo con un ir y venir, como las olas de un mar furioso que balanceaba el barquito de nuestro miedo.

Como pudimos, nos vestimos y salimos corriendo al estacionamiento del complejo de departamentos, nos montamos en el auto y juntos recorrimos la ciudad hasta llegar a Hollywood. Fue complicado transitar, pues secciones de las autopistas habían colapsado. Entre calles y callejones pudimos continuar el camino. Gracias a mi gafete de prensa pude llegar hasta nuestras instalaciones. En la cabina de radio habían quedado atrapados compañeros del turno de la noche. La emisora estaba fuera del aire y no había forma de hacer uso del micrófono para calmar e informar a los oyentes.

Estaba desesperado por mantener a salvo a mi familia y liberar a mis compañeros. Regresar la emisora al aire era una prioridad. Para entonces, ya había llegado el ingeniero y, de pie, en la calle, se me ocurrió subir a la montaña en donde aún estaban en pie las antenas de la radiodifusora.

Las réplicas del sismo no cesaban. Desde lo alto se podía ver el polvo que surgía de las colinas del Valle de San Fernando. Las antenas, soportadas por cables de acero, se sacudían por los movimientos telúricos. De pronto, se escuchó el grito del ingeniero desde la bodega que albergaba los trasmisores:

—Ya estamos al aire.

Había conectado un viejo micrófono directamente al inmenso equipo. Con la angustia acumulada, me hice de ánimo para emitir un mensaje de esperanza. Me sentí como cuando alguien muere y la mente no deja salir palabras de consuelo. Era mi obligación estar ecuánime, tenía un compromiso moral con los radioescuchas.

> Queridos oyentes de La X 97.9, hoy, la tierra nos ha puesto a prueba; despertamos de la manera más brutal sólo para demostrar que somos una gran familia. La desgracia despierta la fortaleza, que es la virtud que engrandece a los latinos.
>
> Pongamos a salvo a nuestras familias.
>
> Quienes hoy perdimos algo, recordemos que tenemos la vida. Como siempre lo hicimos, nos levantaremos.

A falta de noticias, y a casi cinco mil pies de altura en la montaña que alojaba nuestro equipo de transmisión, sólo podía hacer narrativas intentando mantener la calma, poner a salvo a nuestra gente y pedir por las víctimas. Poco a poco empezaron a llegar los compañeros ya con información valiosa para compartir con los radioescuchas. El terremoto tocó la punta de mis nervios. La inmensa ciudad era un caos. El miedo se generalizaba con las constantes réplicas que seguían poniendo en riesgo todas las vías de escape, millones de personas de todas las razas acampaban en parques y campos donde se sentían a salvo de las estructuras agrietadas.

Durante semanas, nuestro compromiso, además de informar, fue ser solidarios, apoyando a nuestra comunidad, acercando víveres a miles que quedaron en la calle. Esta experiencia me formó a paso forzado como verdadero comunicador responsable de una ciudad en desgracia.

Quien está detrás del micrófono es responsable de lo que dice, de lo que informa e incluso de las sonrisas y de las lágrimas de sus oyentes.

Y siguieron las desgracias, pero ahora políticas.

Me llamas inmigrante para insultarme, como si querer sobrevivir fuera un insulto.

En 1994, Pete Wilson, gobernador de California y principal promotor de la iniciativa 187, prohibió el acceso a los «servicios básicos de salud y de educación a los residentes indocumentados».

Yo mismo llegué a Estados Unidos sin documentos. Peladillo y yo le declaramos la guerra y nos convertimos en blanco de ataques por declarar a Wilson como un político racista, quien usaba el tema de la migración para su campaña, logrando que los medios le dieran la atención.

Estábamos envueltos en una batalla mediática, luchando por los derechos de los inmigrantes, que eran blanco de los discursos del gobernador californiano; los insultos y amenazas contra los migrantes mexicanos, y de otras nacionalidades, desde su campaña electoral, tenían implicaciones sociales. Era una cacería hostil hacia los recién llegados.

¿Cómo el gobernador se atreve a referirse así a los latinos, cuando son ellos quienes ponen la comida en su mesa, los que la limpian, los que recogen su basura? —afirmábamos a grito pelón—. Los indocumentados son pobres por la desgracia de tener un gobierno corrupto en su país. Los inmigrantes son humildes, porque ésa es una virtud; trabajan duro, respetan la ley y son motores de ingenio y creación de empleos con el doble de probabilidades de iniciar negocios, como todos los demás.

Éramos la estación líder, teníamos que representar dignamente a la raza ante el acoso. Buscamos reuniones con líderes políticos, conservadores y no conservadores. Había que defender a los nuestros sí o sí.

Hicimos conciencia para que millones de latinos buscaran la ciudadanía, y los que ya la tenían, salieran a votar.

La X 97.9 estuvo en el número uno durante cuatro años consecutivos. Había que dejar que el conocimiento fuera nuestro asesor, y no la arrogancia. Empezamos a experimentar con otros géneros musicales, creímos que todo lo que tocábamos se convertiría en éxito, pero todo lo que sube tiene que bajar, y así fue con La X.

Cada vez que subas un escalón hacia el triunfo, escala dos hacia la humildad.

Transcurría 1995 cuando llegaron otras emisoras al mercado, algunas con el mismo formato musical, pero algo interesante fue que una legendaria radiodifusora, K-Love, que tocaba especialmente pop en español y era un poco lenta, contrató los servicios de un asesor americano de nombre Bill Tanner (e. p. d.) y a Pío Ferro, un joven cubano de 19 años, quienes llegaron a Los Ángeles desde Miami.

Impensable que esta emisora fuera competencia directa de La X, pero hicieron un estudio de mercado y constataron lo que todos sabíamos, que el sur de California era muy mexicano: se dieron cuenta de que había lugar en la gran ciudad para una estación mexicana, sin botas y sin sombrero. Eso era nuevo para mí.

Relanzaron la K-Love con programación mexicana suave, rancheras románticas y una que otra norteña sentimental. La programación era más selecta. Su audiencia objetivo era un público refinado de 25 a 54 años. Y les funcionó.

El éxito La X 97.9 no fue duradero y, como consecuencia, fuimos perdiendo puntos de *rating* y se pensó en contratar a un asesor que, obviamente, viniera de fuera. No le gustó la idea al gerente, Alfredo Rodríguez, quien renunció; nosotros no podíamos darnos ese lujo, pues el sustento de nuestras familias dependía de nuestro empleo, y acababa de nacer Carlos, el segundo de nuestros tres hijos, así que mientras no tuviera una mejor oferta, yo no iría a ninguna parte.

En casa, estábamos felices con el arribo de Carlitos, a quien recibimos con muchísima alegría; desde que dio sus primeros pasos, ya se le notaba lo intrépido. Recuerdo que lo emocionaba ver llegar al camión de la basura y decía que quería ser un basurero; cuando vio la película *Backdraft*, una historia de dos hermanos bomberos, se le metió a la cabeza que era el protagonista y había que cuidarlo, porque era capaz de deslizarse por el pasamanos desde el segundo piso, con una soga y un martillo en mano. En la escuela, siempre lo premiaron y, en la actualidad, lo atraen las inversiones, quiere ser experto en operaciones y asesoría en la bolsa de valores. Le encanta escuchar sobre mis logros, y en más de una ocasión me ha externado que desea igualarme. Ya me superó, porque su gran cualidad es velar por el bienestar de la familia y tiene un corazón de pollo.

Cuando Carlos tenía apenas 7 años, desayunábamos en un restaurante, él se percató de que una señora de la tercera edad comía sola en una mesa del rincón y, sin que nadie le dijera nada, tomó su plato, se levantó y fue acompañar a la abuelita. «Hoy no era uno de mis mejores días, pero este niño lleno de bondad me ha devuelto la alegría y las ganas de vivir», dijo la anciana al despedirse. Es una anécdota que me hace agua los ojos sólo de recordarla; sin duda, me ha superado.

Tras la salida de Alfredo, el gerente, me quedé con una parte del equipo y llegó un joven ejecutivo que venía de Texas, había trabajado en la estación más exitosa en

En medio de las dificultades está la oportunidad.

San Antonio y traía experiencia en el mercado americano; lo conocí el mismo día de su llegada, me reuní con él en un hotel de la ciudad y me pidió que siguiera con mi posición de programador, asistiendo a su estrategia. Hablamos de mi compensación y prometió solicitar un significativo aumento —lo cual cumplió. Por razones personales y desafortunadas, ese joven no pudo continuar con el empleo, apenas estuvo en el puesto siete semanas y su partida me dejó como encargado y responsable absoluto.

La empresa Heftel Brodacasting, competidora y propietaria de KLVE la K-Love, me hizo una atractiva oferta laboral, pues estaba a punto de lanzar una nueva emisora en español: la nueva 101.9. Ya tenían identificado y contratado al locutor que ocuparía el turno estelar en las mañanas, pero buscaban conductores para complementar el horario vespertino. La estación sería presentada por todo lo alto, se habían asesorado con expertos y su objetivo era convertir la radiodifusora en una potente e imparable máquina de contenidos dirigidos a la audiencia latina.

Aunque la oferta incluía mayor beneficio monetario y prestaciones, decidí quedarme con SBS, pues siempre he valorado el trato respetuoso que la empresa me ha brindado. Mi enfoque estaba en dar un salto profesional. He evolucionado como empresario gracias a que el señor Alarcón me dio confianza y apoyo para alcanzar mis metas. El crecimiento económico debía llegar de manera orgánica, por mis propios méritos, y lo aceptaría con humildad. Lo primero era demostrar de qué estaba hecho.

Para entonces, ya teníamos una fuerte competencia; había tres emisoras con formatos casi idénticos, misma música, estilo de entretenimiento y estrategias de marketing. Todas compartían el mismo pastel o grupo demográfico definido: La X 97.9, La Qué Buena 105.5 y La Nueva 101.9.

De pronto, me vi acorralado: mis competidores contrataron a grandes estrellas, como el hondureño Renán Armendáriz Cuello, el Cucuy, quien, con una impresionante capacidad para entretener, rápidamente conquistó a la audiencia y se colocó en el primer lugar de popularidad; el apoyo promocional para su lanzamiento en la 101.9

FM fue masivo y de verdad que nos puso en aprietos; sus anuncios espectaculares estaban en cada esquina y carretera de la ciudad; su cara estaba en *spots* de televisión y publicaciones impresas.

En ese entonces, los *ratings* se median por percepción, las compañías encargadas enviaban un formulario en el que la gente anotaba la hora y el programa en el que escuchaban a un locutor o a una estación, así que con la intensa promoción en espectaculares y en las televisoras, los oyentes ponían lo que la publicidad ya había puesto en sus mentes.

Durante 1996 y 1997 hice varios intentos para recuperar nuestra posición; mis estrategias fueron fallidas, quizá porque, en la desesperación, no dábamos continuidad a una sola idea. Me sentí como aquel boxeador al que le dan un duro golpe y no sabe cómo recuperarse. La compañía para la que yo trabajo, Spanish Brodacasting System, entendió que había que hacer un cambio drástico y empezó el desfile de expertos, uno, otro y otro.

En SBS he vivido los momentos más importantes, pero también los más desafiantes de mi carrera. Aceptar mis errores me ha ayudado a madurar y a crecer. No disfruto los cambios constantes, y cuando ocurren, prefiero tomar la decisión de retirarme y hacer una pausa.

Emprendedor

Lo que no se soluciona pasando página, se soluciona cambiando de libro.

Para retomar las riendas y reconstruir mi proyecto de vida, en 1998 fue necesario apartarme de los pensamientos que me causaban dolor, sólo así puede reconectar con mi ser. Para esto siempre elegí regresar a mis raíces.

Los siguientes tres días, luego de mi salida de la radio, me quedé en la cama sin ganas de levantarme ni de comer.

—Vámonos a Michoacán —dijo mi esposa cuando me vio deprimido y lleno de angustia.

Qué mejor lugar que el ranchito que albergó mi infancia.

La siguiente mañana tomamos camino por carretera hacia Michoacán, sin planes ni fecha de regreso. Fueron tres días de recorrido en camioneta. Paramos a descansar en Hermosillo y en Mazatlán, donde los niños tuvieron oportunidad de juguetear en la playa.

Era la tarde de un domingo de agosto y había temporal. Desde el entronque del estrecho camino que da a Tariácuri se percibía el olor a tierra mojada.

Necesitaba estar con los míos en la casa donde nací y desconectar ese juicio aferrado, el enojo y la incertidumbre por dejar mi empleo.

La primera noche fue de desvelo, estaba deprimido y con ideas negativas, pero la llovizna poco a poco me arrulló y venció a mi inquieto insomnio.

En el rancho, pocos lugareños recorren las calles solitarias de Tariácuri a esas horas, sólo si hay un apuro. Eran casi las siete de la mañana y un café endulzado con azúcar morena acompañaba mi amanecer mientras esperaba, de pie, en la puerta de la casa de mi padre; buscaba a algún conocido a la distancia.

«Quiúbule, Carrito», gritó el Cerillo, amigo de mi padre que iba en bicicleta por las tortillas. Le di los buenos días a Gloria, esposa de mi vecino Sabino, el panadero, que esa mañana decidió barrer el frente de su casa. Luego de dar algunos pasos, me detuve a conversar con Ramiro, el carnicero, un señorón distinguido por su amabilidad. Confieso que a otros no los reconocí, pero no les negué el saludo.

Mi paseo duró un par de horas y terminó en el banquillo improvisado afuera de la casa de don Juan Piña, un viejo sabio, ocurrente y muy amistoso, quien me compartió anécdotas de sus antepasados. Era el primer día en mi ranchito y ya me estaba nutriendo de mis orígenes.

Durante ese andar por los callejones, el aroma del guisado que salía de la cocina de Crucita Viveros despertó mi apetito: costillitas de puerco, las imaginé acompañadas por calabacitas picadas con jitomate, cebolla y chile serrano.

En la casa, Leo y Carlos, mis hijos, ya desayunaban con sus primos un cereal de hojuelas de maíz y medio plátano picado en cubos. Norma, mi esposa, aún dormía, y mi madre ya me servía un plato de huevo con cebolla, bañado con la mágica salsa con base de tomate y poco chile; frijoles calduditos y un pedazo de queso completaron el platillo que, de costado, estaba para una foto; si en esa época hubieran existido las redes sociales, ocuparía la posición principal de mi perfil.

Mi padre tenía planes para ir a un mandado a Zacapu: asuntos de banco, y me pidió que lo acompañara en su *troquita* azul. Aprovechamos el viaje y pasamos al mercado Morelos, donde hay de todo para dar sosiego al hambre, como un plato de menudo o un guisado casero. Después de comprar naranjas, plátanos y sandía, buscamos la salida que da a la calle Zaragoza, sin olvidar el puesto en el que rostizaban pollos.

—Aquí es donde están más ricos —dijo mi padre.

Ahí, todo el mundo se conoce, aunque no sean del mismo rancho. No habíamos caminado una cuadra y ya cinco personas habían saludado a «Miguelón», como llaman a mi padre.

A medio camino entre Tariácuri y Zacapu, mi viejo redujo la velocidad, pues nos acercábamos a unos establos en el barrio de Pueblo Viejo, y me señaló un terreno al lado izquierdo del camino.

—Parece que está en venta, ya ando buscando a la dueña, se cuenta que es una señora viuda que vive en Zacapu.

—Se ve interesante la parcelita —respondí y pensé en lo que estaría pasando por la cabeza de mi padre.

Después de la comida en familia, el calor de la tarde nos invitó a tomar una siesta; me tiré sobre la cama del cuarto que por años compartí con Miguel y Ernesto, mis hermanos mayores; esos cuarenta y cinco minutos de ensueño se interrumpieron por los niños que pedían que los lleváramos a comer nieve de alcachofa en el portal de Villa Jiménez, a tres kilómetros del rancho. Hacía años que no tomaba la siesta, pero ese día me despejó la mente y me dio energía para compartir la tarde con mis padres, mi esposa, mis hermanas y una docena de chiquillos.

La obsesión de pensar en el trabajo empezó a desvanecerse conforme pasaban los días. Mi esposa y mis hermanas agendaron el resto de la semana con excursiones que incluían una caminata por la Alberca, el cráter volcánico que divide los ranchos de Los Espinos y Zipimeo. Escalar y bajar al fondo lleno de agua es toda una aventura que requiere cierta audacia, pero ese día el esfuerzo fue recompensado con una comida de campo en un fogón improvisado con leña seca.

El resto de la semana fue de plazas, parques, museos y artesanías en Morelia, seguidos por un paseo en lancha con la parada obligada en Janitzio, donde subir al majestuoso monumento a Morelos te deja sin aliento y te muestra el lago de Pátzcuaro desde un mirador en el puño del héroe.

En Quiroga, tres kilos de carnitas de don Carmelo, chiles jalapeños, nopales y tortillas recién hechas se convierten en el manjar que alimenta las panzas y las almas de los visitantes. Las carnitas michoacanas son un platillo de origen criollo que surgió después de que el cerdo fue introducido a nuestro continente, y su origen se ha atribuido al estado de Michoacán.

La tía Norma informó a los chamacos que, al siguiente día, muy temprano, saldríamos a Uruapan, donde los primos Hidalgo nos esperaban. Subimos al volcán Paricutín, recorrimos la cascada Tzaráracua y el parque nacional Barranca del Cupatitzio, donde se cuenta la leyenda de la Rodilla del diablo; el recorrido por Uruapan terminó al caer la noche con una caminata por el centro de la ciudad y una cena de morisqueta (arroz cocido con salsa de jitomate, frijoles y carne).

Sólo un día nos quedamos en casa para descansar y los más jóvenes sugirieron ir a Guanajuato, a ver las momias; a mí me encantó la idea, porque me recordó cuando el Cine Hidalgo estrenó la película del mismo nombre con un reparto de enmascarados que incluía al Santo, Mil Mascaras, Blue Demon y Tinieblas; yo era muy chico y la cinta causó que los niños pidieran máscaras a los Reyes Magos.

La leyenda de las momias de Guanajuato tuvo su origen en el hallazgo de cien cuerpos en buen estado de conservación, que fueron exhumados por el gobierno del panteón de Santa Paula, entre 1865 y 1869.

Yo estaba feliz conviviendo con la familia, todos los días hacíamos alguna actividad dedicada a los niños, incluyendo el tradicional chapuzón en un ojo de agua llamado El Tanque, y aproveché para contarles nuestras aventuras de la niñez.

Con el paso de los días, tome una decisión: no ir en busca de un empleo, no estar a expensas de un salario sólo para pagar las facturas. «Quiero sentirme libre, útil, encontrar desafíos, crecer como persona y como profesional». La idea era clara: me iniciaría como empresario, aunque no tenía ni la remota idea de qué tipo de negocio emprender.

Tenía que hacer algo diferente, pero que pudiera disfrutar mucho. Por fin llegó la pregunta clave: «¿Qué hace falta en la industria?». Tomé la *libreta de los sueños*, no era otra cosa que un cuaderno de apuntes amarillo que me acompañó durante varios días y que seguía en blanco. Una madrugada de llovizna desperté con una idea y mi mente empezó entrelazar otra y otra; escribí garabatos hasta que el sueño me venció.

En la mañana, agarré el cuaderno esperando que aquellas ideas no hubieran sido sólo un sueño; vi desde todos los ángulos mis confusos apuntes, tratando de encontrar lo que sería mi proyecto de vida. Finalmente, pude rescatar algunas ideas; emocionado, aterricé las mejores para que no se quedaran en ilusiones, anduve todo el día feliz, parecía que había encontrado el tesoro de Moctezuma, aquello era el mapa del camino por el que debía llevar mi futuro y eso me concedió paz, seguridad y tranquilidad. Pero otra vez me olvidaba de lo que era realmente importante: mi familia, sólo que en ese momento no me di cuenta.

Si vamos a hacerlo, hagámoslo bien.

Días después, mi padre me sorprendió con una propuesta oficial de la compra de la propiedad de la que ya me había hablado:

—Hijo, hablé con la propietaria del terreno del que te platiqué; la tierra se vende, pero si se compra, es para toda la vida —dijo mi padre con intención de convencerme —. ¿Qué tal si la compramos?

Era una parcela de cultivos de alfalfa, pero también se sembraba otra cosa: la ilusión de mi padre.

—Oye, apá y, ¿qué se te ocurre que podríamos hacer aquí?

—Pues a lo mejor te animas a traer a uno de esos grupos famosos con los que trabajas en Estados Unidos, como esos que ahorita andan pegando: Los Tucanes. ¿Cómo ves?

Entendí lo que realmente quería mi padre y, ¿por qué no darle ese gustito a mi viejo? Así que le dije:

—Adelante, vamos a comprar juntos la tierrita.

Concluida la negociación, regresé a Los Ángeles y solicité una reunión con Mario Quintero, cantante y líder de Los Tucanes de Tijuana, y con su mánager, quienes me atendieron con gran amabilidad; en una plática cordial y orgánica les conté con detalles cómo mi padre me había convencido de adquirir ese terreno para hacer un baile con Los Tucanes de Tijuana. Mario, sin chistar, me dijo:

—¡Pues vamos a tocarle a tu papá! ¿En cuánto tiempo estás listo para que hagamos un baile en Zacapu?

—En unos ocho meses ya está listo.

—Trato hecho, en diciembre nos vamos a Michoacán.

Esa misma noche llamé a mi padre para darle la noticia:

—Papá, te llamo para decirte que Los Tucanes de Tijuana van a estrenar los bailes de La Explanada —ése fue el nombre que escogimos para el lugar de espectáculos.

—¿Cómo? ¿En serio? —la voz de mi viejo tenía un tono de sorpresa y mucha felicidad—. Qué bueno hijo, mañana empezamos a pegar ladrillos.

Enseguida contrató albañiles para rodear una hectárea, la más cercana a la carretera.

Ocho meses después, la tarde del 6 de diciembre de 1998, para ser exactos, un convoy de más de doce tractocamiones desfiló por los pueblitos en la reducida carretera que lleva a Zacapu y, como si fuera un circo, con bombos y platillos llegaron los de *La Chona*.

A primera hora del 7 de diciembre se montó la gigantesca estructura que asombró a más de veinte mil personas, que bajaron de todas las rancherías en camiones urbanos, trocas de redilas, de aventón y hasta a pie. Era lo más impresionante ocurrido hasta entonces en toda esa región michoacana. Llegó gente de todas partes, algunos viajaron de Jalisco, Guanajuato y Guerrero para ser parte del majestuoso evento de los ídolos del momento.

Sólo unas bardas protegían el lugar; por suerte, estaban ampliando la carretera, así que mi padre, con una buena mochada, negoció para que le pusieran una capa de asfalto al corralón. Ahí inició la tradición de hacer eventos en las fiestas decembrinas. La excelente y respetuosa relación que he cultivado con los artistas permitió invitar a los más grandes de la música popular: El Recodo, Intocable, Los Tigres del Norte, La Arrolladora, Lupillo Rivera, Ramón Ayala, Montez de Durango, Banda Cuisillos y K-Paz de la Sierra, estos últimos justo una semana antes de que privaran de la vida a su vocalista, Sergio Gómez.

Realizamos un total de quince eventos. Mis hijos eran muy chicos y disfrutaban esa aventura del espectáculo. Recientemente vimos en casa un álbum de fotos de esos conciertos y Leonardo dijo:

—Si lo analizamos bien, esto puede ser comparado con el festival de Coachella, un evento digno del rey Tariácuri, realizado literalmente en medio de lo que fue una laguna, la ciénega de Zacapu, en la merita cuna del imperio purépecha.

La educación es la vacuna contra la violencia.

-Edward James Olmos

La violencia y la inseguridad son algunas de las principales causas para que una persona quiera migrar, y éstas se agudizaron en Michoacán, así que decidimos poner en pausa los eventos, pues sentía que nos poníamos en riesgo, principalmente a mi padre, que quería vivir en el pueblo y se aferraba a la idea de quedarse en México. La única manera de convencerlo de que viniera a vivir con nosotros fue comprando un ranchito donde ahora vive más tranquilo, con mi madre; para él no fue fácil, extraña mucho su tierra, despertar y ver los cultivos, el olor a sus raíces, saludar a los amigos que aún le quedan y recorrer las calles de su pueblito. Ésta es la otra migración de la que no se habla; ya no es sólo la pobreza la que arranca a la gente de su tierra, hay otra, y muy dolorosa: la huida por la violencia que golpea muy duro a nuestras comunidades.

Doy gracias a Dios porque tengo a mis padres seguros en el ranchito, aunque no sea en nuestra patria; están a una hora de camino, el cual recorro con gusto siempre que me es posible, pues no hay nada más gratificante que llegar a desayunar, comer o cenar con ellos.

Estamos en busca de la felicidad y la tenemos a la mano, con los nuestros. Pensar sólo en dinero, guardarlo y protegerlo como el más grande tesoro es una dinámica destructiva, porque una vez que adquieres un bien material, quieres otro y otro. Somos víctimas de una cultura consumista, y eso nos pasa a la mayoría.

El fracaso más grande es nunca haberlo intentado.

Aunque en realidad yo deseaba escapar del bullicio y liberar la carga emocional para reencontrarme conmigo mismo y con la gente a la que amo, cuando empezaron a surgir mis ideas eran sólo para lograr trofeos que alimentan al ego, pero no al alma.

Me apena, pero mis apuntes eran proyectos de trabajo y no de vida.

Pasaba 1999 y ya había planes: «En Estados Unidos no hay un canal de videos de canciones mexicanas —pensé—. Esto puede funcionar, un tipo MTV mexicano», pero poco después apareció Video Rola, una productora con canal de videos en México, y desistí de esa idea. «Tampoco existe una casa productora de contenidos para radio que atienda las necesidades de la industria hispana».

A mi regreso a California, cargado de pasión, me reuní con mi amigo Antonio García. Desde el primer instante, cuando lo conocí, hubo fidelidad basada en la confianza, una lealtad soportada en el respeto. Él me apoyó abriéndome las puertas de la radio en Oxnard, presentándome a Brown Bear, me recibió en su casa como a un hermano, me dio una familia que me brindó un rincón, un plato de comida y, lo más importante: su confianza. ¿Cuánto más agradecido puedo ser con alguien que ha construido los cimientos de mi carrera? Con nadie más podía compartir la locura que traía en mi mente, con él lograría aterrizarla; él es mi alma gemela y le propuse que hiciéramos la productora de *spots*, vestiduras de imagen para radio y un programa semanal con el top 20 de la música mexicana. Para que esto pasara, era necesario hacer un plan de negocios. Debíamos conseguir un espacio donde construir estudios de producción, oficinas administrativas, etcétera.

Por suerte, un gran amigo, Rudy Echauri, tenía un espacio para su negocio de contenido audiovisual para conciertos y su proyecto de televisión, así que compartimos gastos y juntos hicimos un centro de operaciones en el Valle de San Fernando, California.

No empezamos desde cero; yo había logrado un contrato para ser la voz oficial de los lanzamientos musicales de Fonovisa y esto nos permitió tener una base de ingresos mientras arrancaban los otros proyectos.

Empezamos a construir la fábrica de sueños. Bautizamos a nuestro primer negocio como Mass Radio, una empresa de asesoría y productora de contenidos.

¿Qué ocurre cuando tu negocio no acaba de despegar? Pues te pones las pilas. Es como cuando un coche no arranca: le pasas corriente a la batería.

Teníamos muchas ideas, pero debíamos aterrizar las que, con nuestras habilidades, pudiéramos echar a andar con mayor facilidad. Lo mío ya era programación de radio, así que, por qué no asesorar a emisoras con estrategias para hacer crecer sus *ratings*. Mandamos propuestas a decenas de estaciones en provincia. Cuando nos dimos cuenta, ya teníamos a nuestro cargo la programación de veinticinco estaciones en diferentes ciudades del país.

En ese entonces, apareció Napster, un programa gratuito que permitía a sus usuarios crear una red para intercambiar canciones en archivos con formato MP3.

Hasta ese momento, los lanzamientos musicales y sencillos promovidos por las discográficas se llevaban a las radiodifusoras personalmente, a través de promotores o por correo, a zonas alejadas, esto hacía lento el proceso de colocar los temas en la radio.

Napster cambió los discos compactos por pequeños archivos descargables.

Se me ocurrió la idea de convertir los sencillos de promoción de las disqueras a formato MP3 y establecer un sistema para que los programadores, sin moverse de sus oficinas, pudieran *bajar* las canciones en tiempo real. Fue una revolución; sin embargo, una página de descargas requería autorización legal.

En ese momento, la industria discográfica estaba de cabeza por la caída en picada de la venta de discos ocasionada por las descargas ilegales, pero nuestra intención no era comercializar esa música, sólo se trataba de facilitar la distribución de los nuevos lanzamientos musicales a la radio. Hicimos acuerdos con las casas promotoras para ofrecer el servicio.

Teníamos que complementar la página web de distribución de música con algo más, así que, un día, mi asistente puso en mi escritorio la revista *R&R*, una publicación en inglés que se especializaba en la industria radiofónica. «Ya existen un par de revistas sobre la industria: *Antenna* y *Radio & Música*, pero nada por internet», pensé. Pedí a mi ayudante que me trajera las dos revistas latinas para analizarlas cuidadosamente, enseguida pregunté a mi socio:

—Buki, ¿qué pasaría si pudiéramos crear una revista digital en la que se pudiera leer contenido nuevo a diario, sin tener que esperar, que se diagrame, se imprima y se distribuya por correo?

Lo primero que vi en los artículos publicados por algunas revistas correspondían a avisos pagados y el contenido no era suficientemente atractivo para los lectores. En cambio, nuestra premisa debía ser clara: incluir todo lo que realmente pasa en la industria, pero en tiempo real. Se tendría que actualizar todos los días, como un periódico, y la combinaríamos con el sistema de distribución digital de canciones. «Vamos a emprender este nuevo proyecto», decidí.

Un año después nació *Radionotas*, una publicación en línea, de alcance internacional, con noticias destacadas de la industria de la radio.

Tras veinte años de trabajo ininterrumpido, nuestra página es considerada la herramienta de consulta obligada para miles de programadores, sellos discográficos, representantes artísticos, promotores, especialistas, público en general, locutores y directivos de compañías radiofónicas de México, Estados Unidos, Puerto Rico, República Dominicana, Colombia y numerosas regiones del mundo.

Si te centras en lo que dejas atrás, no podrás ver lo que tienes delante. Ya con el negocio a todo vapor y entretenido en los viajes de ciudad en ciudad, surgieron otras ideas, pero el desarrollo se detuvo momentáneamente, pues por esos días recibí una llamada de Raúl Alarcón, de SBS, y dueño de La X 97.9:

Nunca dejes que nadie te diga que no puedes hacer algo.

-En busca de la felicidad (2006)

—Juanca, ¿cómo estás? Es un gusto saludarte. Quiero contarte algo.

—Adelante Raúl, ¿de qué se trata?

—Contraté al señor Bill Tanner y a Pío Ferro. Los debes de conocer.

—Por supuesto que sí. Y no sólo eso, también los admiro y les tengo un gran respeto.

—Quieren tener una conversación contigo. ¿Aceptarías tomarte un café con ellos?

—Con mucho gusto.

La verdad, me entusiasmó tener esa reunión, mi admiración era grande y me intrigaba lo que pudiera surgir de esa conversación. Nos encontramos, me dijeron que habían sido contratados no sólo para participar en la sintonía 97.9, también en una segunda estación apenas adquirida por Spanish Brodacasting System. Para entonces, La X ya no se llamaba así; cuando me fui, un despistado le cambió el nombre y le puso La Ley, un tremendo error. A veces creemos que, cambiando el nombre, la estación será más atractiva, y peor cuando ese nombre es tan emblemático; en realidad, lo que debe mejorar es el contenido. El señor Alarcón apenas había adquirido una segunda frecuencia en FM para Los Ángeles y pregunté cuál era la estrategia y si ya se había elegido el formato de la nueva emisora. Me informaron que su formato era parecido al de la K-Love, la emisora de donde venían. Terminaron proponiendo que yo manejara la 97.9 y sugirieron un plan.

—Lo primero, y más lógico, es regresar KLAX a su legendario nombre original de La X —afirmé con resolución.

—No se puede llamar así —argumentó Tanner, quien me explicó que cuando Alarcón la cambió a La Ley perdió el registro de La X porque ellos mismos, Pío y Tanner, habían matriculado el nombre, que ahora pertenecía a la empresa HBC (Heftel Brodacasting Company). Enseguida, insistió—: ¿Quieres colaborar con nosotros?

—A mí me va muy bien con mi propia empresa. Estoy asesorando estaciones de radio. Me gusta, porque viajo constantemente. Me emociona el desarrollo de nuevos proyectos. Tomo estaciones que están mal programadas y las voy reconstruyendo. Los retos me apasionan.

Su respuesta me asombró:

—Puedes seguir haciendo eso y trabajar con nosotros.

—Se podría malinterpretar. A mí me pagan las disqueras por hacer su producción y por el servicio de distribución de su música. Al estar también en la radio, podría tener un conflicto o verme mal.

El compromiso con mi empleador fue claro: regresaría a trabajar mientras me permitan seguir con mis negocios adicionales, pues yo deseaba crecer como empresario y no depender de un empleo asalariado. Mi ambición era hacer algo significativo para la industria.

—Déjanos hablar con los abogados y con Raúl, pero ¿vienes a nuestro equipo?

Mi respuesta fue afirmativa. Esta vez sí sugerí el dinero que me gustaría ganar. Puse una cantidad muy superior a la que me pagaban antes. Quedaron en llamarme más tarde.

Emprendí el regreso a mis oficinas; habían pasado quince minutos cuando sonó el teléfono, era Pío:

—Lo de tu salario ya está listo. Regrésate, que vamos a trabajar ahora mismo. Avisa a tu esposa, porque nos vamos a encerrar para una larga lluvia de ideas.

Di media vuelta, entré a su hotel, los volví a saludar y abordamos de inmediato la parte creativa de la nueva etapa de la 97.9.

Pensando en un posible *jingle*, que siguiera sonando institucional, como el de La X, lo primero fue preguntarme qué nombre ponerle. Aún resonaba en mi cabeza esa identificación tan musicalizada y pegajosa de La X 97.9. Debía ser un nombre que armonizara con esa melodía ya oída y *reteoída* por nuestra raza, nuestra población latina no sólo en el sur de California, sino en todo Estados Unidos.

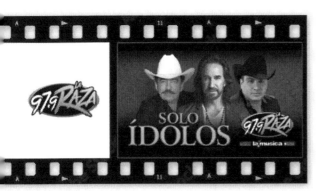

Comencé a entonar la cantadita de «La raza, la raza, noventa y siete, punto nueve». Iba en total empatía musical con el *jingle* y, como palabra, por su connotación social y política, reflejaba un concepto muy interesante.

La respuesta de Pío y Bill Tanner fue entusiasta:

—Excelente. Ése va a ser el nuevo nombre. La Raza 97.9.

Los tres decidimos hacer estudios de mercado y grupos focales de contenidos musicales, además de regresar al origen, formando un equipo, trayendo de regreso al Peladillo y a otras personalidades, haríamos mucha publicidad, incluyendo *billboards* —letreros gigantescos a todo color por toda la ciudad— que anunciaran premios y dinero para la gente. Así fue como lanzamos La Raza, a mediados del año 2000.

Regresar y relanzar KLAX 97.9 en Los Ángeles, bajo el nuevo nombre de La Raza, fue una gran experiencia. Esta vez, con una visión distinta, iba de la mano de dos expertos que inspiraban orden y conocimiento, manejaban la tecnología con facilidad y seguían las tendencias de una radio actual, tal y como se hace en el mercado general en inglés.

Yo nunca miro atrás. Me distrae de lo que viene.

Bill, Pío y yo nos envolvimos tanto en el proyecto que desde un satélite se podría ver la coordinación orquestada, tal como lo hizo Michael Jackson con su famoso *moonwalk*, en *Billie Jean*. Era emocionante y motivante conversar sobre las estrategias de marketing, estudios de mercado, grupos focales de selección de canciones, presupuestos para concursos y el equipo de profesionales. Fueron momentos muy locos, con muchísima creatividad. Para ganar, tendríamos que echar mano de los mejores elementos al precio que fuera, pues no había otra opción que ser los número uno, así que el relanzamiento de La Raza debía ser a lo grande, titánico, jamás visto.

Aprovecho esta oportunidad para hacer un tributo a Bill Tanner, que en paz descanse. Fue un verdadero honor haber colaborado con uno de los más extraordinarios y apasionados hombres de la radio, Mr. T, como lo llamábamos, era un personaje enigmático de gran relevancia, un verdadero estratega de quien pude absorber sabiduría. Él alimentó mi espíritu y atizó aún más el fuego del amor por mi profesión. Fue una gran influencia positiva en mi carrera, como talento y programador. No era fácil penetrar en su órbita, pero me tocó el privilegio. Con Bill Tanner sólo había espacio para disciplina, excelencia y creatividad en constante evolución: ciencia y arte a su máxima potencia.

Pío Ferro, mi hermano del alma y amigo invaluable, me acompañó en momentos de gloria y oscuridad, compartiendo conmigo la luz de su sabiduría. Pío es una de las figuras más emblemáticas de la industria, su pasión es admirable, aprendí mucho de él. Juntos regresamos a KLAX a la cima, a ser una emisora competitiva y digna de la ciudad de Los Ángeles; desarrollamos talentos: el Mandril, la Bronca y el Ratón, por mencionar algunos, quienes siguen siendo exitosos. Juntos construimos el Sol 96.3, diseñamos una manera diferente de hacer radio.

En abril de 2005, durante una conversación con Pío Ferro y Bill Tanner, exploramos el potencial de una estación bilingüe en Los Ángeles. Si las emisoras americanas enfocaban sus estrategias para atraer a sesenta por ciento de los jóvenes latinos de segunda y tercera generación, era ilógico que en el mercado hispanohablante más importante no se considerara una sintonía con una mezcla musical que representara el estilo de vida de los jóvenes nacidos en ese país. Por ejemplo, mi esposa escuchaba Kiss FM en las mañanas y por la tarde Super Estrella, una estación con formato pop en español.

Para entonces, sonaban en las calles canciones como *Rompe*, de Daddy Yankee, líder y representante del reguetón, música que nació en las calles y barrios bajos de Puerto Rico y Panamá; el ritmo machacón y pegajoso se encendió como pólvora por todo Estados Unidos. Al principio, el género se componía de la mezcla de reggae y el rap latino, por ejemplo, temas como *Tu pum pum* y *Te ves bien buena* sirvieron como base para el nacimiento del género, aunque cada quien tiene su propia versión; sin embargo, unas cuantas canciones no eran suficientes para respaldar el lanzamiento de una estación, eso debía evolucionar, como pasó con la quebradita. Eso del reguetón era idéntico: si los jóvenes escuchaban las estaciones de género urbano, con hip hop en inglés, entonces se podía complementar el formato, pero ¿los locutores hablarían inglés o español? *Spanglish*, al natural, tal como lo hacen los jóvenes en casa: «*Mom, I'm hungry*, ¿me das un taco de carne con chile *please*?».

Hubo que hacer un estudio de mercado y el resultado confirmó lo que nuestro instinto y la calle nos decían.

Jugamos con varios nombres para la estación, y siempre surgía la palabra «latino». «Pongámosle así», dijo alguien. «Latino 93.3», exclamamos todos.

Pusimos manos a la obra. Jerry Pulles, un joven nuevo en nuestro equipo era excelente en la producción de identidad para emisoras, su estilo creativo daba frescura, además era conocedor del reguetón. Teníamos a Pío Ferro, un genio de la programación y experto en la música urbana en inglés. Así vio la luz la primera estación bilingüe de esa corriente musical en Los Ángeles.

El impacto fue inmediato y la emisora se convirtió en la principal impulsora del género reguetón que se convirtió en un fenómeno global.

Vivir sin miedo

9/11: los recuerdos de una pesadilla que
marcó a la humanidad.

5:46 de la mañana. Era martes 11 de septiembre de 2001 y el programa de radio apenas agarraba el ritmo.

Hacemos una breve pausa y volvemos con la pregunta del día: si sólo tuvieras un día más de vida, ¿qué te gustaría hacer? Además, haremos conexión vía satélite con nuestros amigos de Canal 52, de la cadena Telemundo.

Esa mañana seríamos entrevistados en televisión y el camarógrafo me colocaba un micrófono en el cuello de la camisa; se escuchó el sonido de un teléfono celular, era el de la reportera, quien tomó rápidamente la llamada, su semblante cambió drásticamente y, con señas, nos pidió con urgencia que encendiéramos el televisor en cabina.

La imagen en la cadena CNN mostraba humo saliendo de un edificio. No entendíamos nada hasta ese momento.

Bruscamente, entró a cabina Rafael Navarro, compañero y encargado del segmento noticioso de La Raza 97.9.

—Un avión se estrelló en un edificio de Nueva York.

—Nos vamos al aeropuerto —gritó la entrevistadora del canal de televisión y salieron corriendo sin despedirse.

Intentamos comunicarnos una y otra vez con los compañeros de nuestra estación hermana en Nueva York, quienes tendrían información de primera mano, pero nadie respondía. Seguramente estaban más asustados que nosotros.

En cabina, todos estábamos paralizados. Buscamos información en internet; un compañero encendió un radio y lo sintonizó en KNX 1070 AM, que trasmite noticias las veinticuatro horas; ellos ya confirmaron que un avión de pasajeros se había estrellado en una de las Torres Gemelas de Nueva York.

No había un manual que nos indicara cómo reaccionar ante una tragedia de esta magnitud, actuábamos por instinto; teníamos miedo, pero también el compromiso de informar.

Salí un momento de cabina para llamar a mi esposa, quien, entre dormida, contestó y sin alertarla le dije:

—Enciende el televisor, no te alarmes, pero creo que algo grave está ocurriendo.

—Establecimos conexión con La Mega 97.9, en Nueva York — dijo Rafael Navarro.

Encendí el micrófono cuando entramos al aire en vivo.

Son las 5:53 de la mañana en el sur de California. Hay un incendio en una de las dos Torres Gemelas en Nueva York. Se habla de que un avión se ha estrellado en el piso 99. No tenemos todos los detalles, pero en este momento nos conectaremos con nuestra estación hermana, Mega 97.9, de Nueva York. Escuchemos lo que está pasando.

Nuestros colegas tenían información de primera mano, estudios y oficinas de la emisora se ubican a unas cuadras del lugar de la tragedia. El reloj marcaba las seis con dos de la mañana.

Se ha confirmado que un avión de pasajeros se estrelló en una de las torres del World Trade Center…

De pronto, los seis que estábamos en cabina gritamos cuando, ante nuestros ojos, un segundo avión fue estrellado en la torre sur del complejo neoyorquino.

No teníamos palabras. Los micrófonos encendidos en aquel cuarto acústico solamente captaban sonidos de sorpresa y angustia. Nada más podíamos expresar lo que nos salía del corazón: asombro, temor y plegarias. Ese día hicimos el programa que jamás imaginamos y para el que nunca estuvimos preparados.

—Dios mío, ¿qué está pasando?

—Padre nuestro que estás en el cielo —alguien empezó a rezar.

El mundo había despertado con la pesadilla que cambió la historia para siempre. El pánico se generalizó, fue incomprensible lo que sucedió durante las siguientes horas, días, meses, años.

La transmisión simultánea se extendió tanto, que no sabíamos cuándo debíamos dejar de hablar de lo ocurrido y regresar a la programación regular. Ya nada era normal; nuestros compañeros en Nueva York estaban en el epicentro de la tragedia y nos alimentaban con historias difíciles de escuchar y de contar.

Socorristas, bomberos y autoridades vivieron un infierno y todos fuimos testigos; la gente estaba unida, las iglesias llenas de fieles pidiendo por las almas de las víctimas, oraciones que fueron escuchadas en la radio. La consternación era general.

Como locutor, nunca estás preparado para cubrir los eventos que te cambian como comunicador y te ponen de frente con la verdadera responsabilidad. Detrás de un micrófono te haces una sola pregunta: ¿cómo puedo ser útil en momentos de incertidumbre? La respuesta es informar con ética y respeto a las víctimas, con carácter noticioso, sugerir soluciones, alentar la prevención y nunca dar sensación de alarma.

El dolor y el coraje dispararon de inmediato el interés de los jóvenes por enlistarse en las fuerzas armadas. La mayoría sabía que era inminente una guerra.

Un nuevo tipo de guerra estaba comenzando y había incertidumbre entre los ciudadanos que estaban listos para pelear por su patria.

Según estadísticas, los eventos del 9/11 y la incertidumbre de quienes se enlistaron para ir a la guerra contribuyeron al alza de natalidad en Estados Unidos.

Vas a extrañar a tu familia, pero tu valentía los llenará de orgullo.

Mi hija Valentina nació el 26 de julio de 2002. De cariño le decimos «V». Diosito nos regaló una hermosa criatura. Sus primeros pasos los dio sobre unas zapatillas de ballet. Le encanta el baile, su primer video fue el de *La gasolina*, de Daddy Yankee, y desde entonces ha llenado el tanque de combustible para concursar y ganar en cada escuela, en cada competencia. Valentina tiene una increíble imaginación y unas ganas enormes de explorar el mundo; su extraordinario talento creativo va desde producir un video musical y una sesión de fotos, hasta manipular los colores en la pintura de una ilusión óptica. Es un gran ejemplo, pues V se distingue por ser madura. Es educada y muy elegante,

como su madre; se ha transformado en una alegre adolescente de noble corazón. Actualmente, es una distinguida y hermosa señorita con destreza de *influencer* de redes sociales, tanto, que su universidad la contrató para el departamento de mercadotecnia como coordinadora de las plataformas digitales.

El cáncer te sacude, pero también saca lo mejor de ti.

¡Soy un sobreviviente! A veces, las enfermedades llegan sin avisar y luego las queremos ignorar. A los treinta días del nacimiento de Valentina, me sentí un poco mal de salud; mi esposa, a empujones y regañadientes, casi con un lazo en el cuello, me llevó al médico. Luego de varios exámenes, el doctor me llamó con urgencia y me dijo: «Debemos hablar, ven al consultorio lo antes posible».

Alarmado, llegué con los pantalones en la mano y con el corazón a punto de salir de mi pecho, entré al consultorio y el médico tenía en las manos todos los resultados; sin darme oportunidad para acomodarme en el asiento, me la soltó en directo: «Tienes cáncer en etapa inicial».

Un nudo en la garganta provocó mi pronunciado silencio; de pronto, mi mundo estaba de cabeza y llegaron a mi mente todo tipo de pensamientos y preocupaciones. Mis hijos eran unos niños y mi joven esposa podía quedarse viuda. ¿Cómo diría a mis padres que me diagnosticaron cáncer?

Todos en mi familia se impactaron con la noticia, la palabra «cáncer» está directamente ligada con pensamientos que te ponen en peligro de muerte.

Mi madre pidió incansablemente a Dios que mi vida no estuviera en riesgo.

No había tiempo para nada, el médico recomendó extirpar el mal de inmediato. Ni siquiera tuve oportunidad de pensar en la vida o en la muerte. Un amigo, que había pasado por la misma situación, vino de inmediato a visitarme y a darme ánimos; sus palabras de aliento me hicieron sentir mucha paz y entendí que Dios aún tenía un plan para mí en la Tierra.

Como el de la mochila azul: no me divierto con nada.

La operación fue un éxito, aunque el largo proceso de radiación para destruir las células cancerosas se extendió durante casi un año. Estuve cara a cara con el miedo. Me di cuenta de que todas las cosas que he hecho han surgido por la voluntad de Dios; somos su creación y todo está en sus manos.

No deseaba dejar mi programa matutino en La Raza por causa de mi enfermedad; hablar con la audiencia cada mañana me inyectaba energía, me mantenía motivado, no había manera de convencerme de lo contrario, aunque sabía que debía disminuir la carga de trabajo y dedicar tiempo a mi familia, mi salud y mi vida espiritual.

Peladillo, mi gran hermano y compañero, estuvo siempre como un soldado, vigilante, a mi lado, con su gran sentido del humor intentaba distraerme para no pensar en lo peor; Jesús siempre hizo lo invaluable por mí, no me alcanza la vida para agradecerle su hermandad.

Peladillo siempre fue aventurero, así que se fue en busca de lo desconocido y yo me quedé solo en el programa. Lo extrañé, me faltaba mi otro yo, mi brazo derecho, y como a mi abuelo se le pasó bendecirme con un toque de su buen humor, tuve que conseguir a un compañero que hiciera la parte del desorden y fuera chistoso, una labor que no fue fácil porque a un hermano no lo puedes reemplazar. Al programa de radio le hacía falta la chispa, y es que yo soy tan malo para la comicidad, que los chistes se ríen de mí.

Para entonces, se anunciaba la posible llegada a Los Ángeles de Edgar «Piolín» Sotelo, un locutor que gozaba de mucho éxito en el norte de California. Nuestros competidores de Univisión le habían hecho una oferta millonaria, difícil de rechazar; conocíamos su estrategia y debíamos estar atentos.

Mi empresa contrató asesores, quienes determinaron que había que encontrar a un grupo de comediantes y escritores para acompañarme. Les pagaron un dineral nada más para decirme lo obvio, afirmaron que, si quería seguir como conductor, necesitaba un Polo Polo a mi lado. Hicimos una audición, pero no había nadie *adecuadamente* gracioso. De los participantes en el *casting* nadie me convenció, y seguí buscando aquí y allá, hasta que en un viaje de trabajo a Tijuana conocí a Ricardo Sánchez, el Mandril, quien en una breve conversación me tenía muerto de la risa; es dicharachero con naturalidad y muy divertido.

—¿Te gustaría trabajar conmigo en Los Ángeles? —se me ocurrió preguntarle. No era una oferta de trabajo formal, pues debía consultarlo con mis jefes, verificar su estado legal, hacer una prueba para presentarla al corporativo y que me dieran su aprobación.

No habían pasado veinticuatro horas desde que lo vi por primera vez y, de pronto, apareció en mi oficina.

—Ya llegué.

—Pero ¿cómo? Aún no tengo una oferta para ti.

Ya estaba ahí, así que hablé con mis superiores:

—Encontré el talento innato que estábamos buscando para aumentar el nivel de entretenimiento en mi programa.

Aceptaron momentáneamente y días después me informaron que, por falta de residencia legal o un permiso de trabajo, no podían emplear al Mandril.

—Nosotros, como empresa, podemos ser su patrocinador y tramitar la visa de empleo temporal —insistí.

Hice todos los intentos, porque yo lo quería en mi equipo. Propuse pagarle de manera independiente, como si fuera empleado de uno de mis negocios, aunque fuera algo simbólico. Me aferré y lo incorporé al programa; si tenía que compartir parte de mi salario con él, lo haría y le daría dinero *por abajito* para que pudiera sostener a su familia. La empresa se hizo de la vista gorda y dejó que yo me hiciera responsable.

El programa empezó a tomar forma y a dar resultados, pero el Mandril sufría mucho por no tener un salario honorable; honestamente, la empresa no vio lo que representaba y la urgencia que se requería para tramitar su visa.

Meses después, él recibió una oferta de nuestros competidores, quienes le prometieron una compensación digna y lo legalizarón a él y toda su familia. Por supuesto que se fue con ellos. ¿Cómo culpar a alguien que tiene la obligación de ver por el bienestar de los suyos? Lo irónico es que, en 2009, cinco años después, lo volvimos a contratar por un paquete de millones.

Bien por el Mandril, finalmente le llegó su recompensa.

Con el Mandril como locutor estelar del programa matutino y una afinada estrategia musical, La Raza rápidamente retomó la posición número uno en *rating* de Los Ángeles, lo que me trajo a un reconocimiento inesperado.

A principios de 2010, el Mandril me dijo que tenía una reunión con sus colaboradores y me solicitó ofrecer palabras de aliento y agradecimiento a su equipo de trabajo.

—Estamos a la cabeza en las encuestas, quieren escuchar una felicitación de tu boca.

Bajé al salón de juntas del segundo piso mientras preparaba mentalmente mi discurso para los muchachos; al llegar, vi que estaban todos mis colaboradores, quienes aplaudieron eufóricamente. Yo no entendía nada.

El Mandril tomó la palabra y me informó que se había gestionado la entrega de una estrella en mi honor en el Paseo de la fama de Las Vegas. Mi mente se cuestionaba qué méritos tenía para tan grande reconocimiento, si yo no era un artista o un actor de cine. Me explicaron que era para reconocer mi trayectoria ininterrumpida y mi aportación a la industria en pro del crecimiento de todos los que en ella laboramos.

No sabía si sentirme en los cuernos de la luna o hacer un alto para analizar qué es lo que realmente significa el éxito.

¿Acaso se trata de que todo el mundo te halague, de que te aplaudan porque eres una figura momentánea?

Borja Girón, en su libro *El otro éxito*, explica que en esta vida todos llegamos con el mismo éxito, pero nadie nos lo dice; no tenemos que buscarlo, porque el simple hecho de poder amar, dormir, soñar, pensar,

sentir alegría, tristeza, entusiasmo, ser agradecido, ser honesto y tener la capacidad de construir una relación con tu pareja, con tus hijos, con tus padres y, sobre todo, con Dios, ya es un éxito.

Es cierto que debemos tener metas para lograr la estabilidad económica o para alimentar el ego; sin embargo, lo que debemos buscar es el equilibrio emocional.

Me siento honrado con esa estrella, pero el reconocimiento más valioso fue que mi amigo y nuestro equipo de trabajo hayan coordinado un evento en el que escuché a mis padres, a mis hijos, a mi esposa y varias personalidades decir cosas bellas sobre mí. Me sentí bendecido. Ahí estaban muchas de las personas a las que quiero y admiro.

Nunca olvidaré a mis colegas de la industria del entretenimiento que hicieron un espacio en sus agendas para convivir con nosotros. Para mí, lo invaluable fue el reconocimiento a los míos, porque el homenaje no me pertenecía sólo a mí, sino a mis padres, que me dieron la vida y a mi familia, que es lo que más amo; ellos son y siempre serán mi única estrella.

Si no trabajas por tus sueños, alguien te contratará para que trabajes por los suyos.

-Steve Jobs

Ya éramos operadores de *Radionotas*, una revista sobre el mundo de la radio, pero nos faltaban listas de popularidad de la música para completar el proyecto; esta idea había estado resonando en mi cabeza por varios meses, y durante un paseo por Las Vegas les propuse a mi socio el Buki y a Juan Carlos Ortiz, quien en varias ocasiones me había expresado el interés en ser parte de uno de nuestros proyectos, hacer un monitoreo para saber qué canciones y cuantas veces se tocaban en la radio.

—Pero ¿qué es un monitoreo de radio? —preguntó Buki.

—Este servicio es de gran utilidad para los artistas, casas disqueras, estaciones y para autores que buscan mejor trato en los pagos de regalías por sus obras, expliqué.

—Hagámoslo, yo le entro —respondió Ortiz.

Antonio, mi socio, como siempre, confió en mi instinto de loco.

Con Juan Carlos Ortiz tengo un valioso vínculo de amistad que va mucho más allá de lo material. Juntos hemos recorrido largo camino y nuestra amistad está repleta de respeto, lealtad, sinceridad, confianza y cariño. Nuestra travesía se nutre en todo momento y tiene un firme propósito de ayuda y reciprocidad.

En el negocio, nuestro pacto y código de tolerancia ha regulado nuestra relación a lo largo de los años, pues no dejamos que los desacuerdos o inconformidades se mezclen con nuestra amistad.

Sin temor a lo desconocido, empezamos a analizar con cuidado las posibles oportunidades para el monitoreo y a quiénes nos enfrentábamos como competidores.

La revista más importante de música en el mundo, *Billboard*, fue fundada en 1894, tiene 127 años publicando información de los espectáculos y determina cuáles emisoras participan en el panel de popularidad musical.

En Estados Unidos, menos del cuarenta por ciento de las estaciones en español determinan quién es el número uno de la música, y la mayoría de las estaciones de provincia no cuentan en los *charts*.

En 1992, la empresa BDS desarrolló una tecnología de rastreo de música y, desde entonces, *Billboard* utiliza esos datos para calcular la popularidad de las canciones en la radio.

Dios permita que haya un Goliat en tu vida, para que encuentres al David que vive en ti.

Sin temor alguno, dije: «Vamos a competir con BDS y *Billboard*».

—¿Nos vamos a poner a las patadas con Sansón? —preguntó un colaborador.

—¿Tenemos algo que perder? —repliqué—. Vamos a cubrir lo que ellos no quieren; a alguien le va a interesar.

Las cosas pasan porque lo decide el universo, la energía llama lo que piensas.

En ese tiempo, viajé a San Francisco y en el avión conocí a Thomas Blum, un ejecutivo que trabajaba para una empresa llamada Audible Magic. Él regresaba de haber celebrado una cumbre en Los Ángeles con la RIAA (Recording Industry Association of América), la organización que protege a la industria discográfica del ataque sin piedad de la piratería:

«Lo que tu mente piense, eso atrae», me dije.

—Nosotros tenemos una tecnología que detecta las descargas ilegales de música y pasamos esa información a la RIAA, para que ellos manden advertencias y reclamos a quienes incurren en descargas ilegales —dijo Tom, mi compañero de asiento.

Las descargas en Napster eran lo único de lo que se hablaba en la industria, la gente dejaba de comprar discos y bajaban canciones a sus computadoras.

—¿Cómo funciona el sistema?

—Es una técnica de detección de identidad; se crean huellas de las canciones y nuestro *software* detecta descargas y cuándo se reproducen.

—¿Significa que el sistema puede detectar lo que se toca en las estaciones de radio?—. Como su respuesta fue afirmativa, exclamé en silencio, pero eufórico—: De aquí soy.

Nos despedimos, prometiendo una segunda conversación.

Regresé a Los Ángeles, y dije a mis socios:

—Ya di con la tecnología para el servicio de monitoreo y

Lo que hacemos en la vida, tiene eco en la eternidad.

verificación, la empresa se llama Audible Magic; si logramos un acuerdo de sociedad, tendremos lo que tanto anhelamos. Ahora sí podremos competir contra BBS y tendremos mejores listas que *Billboard*, aunque nos superen en tamaño, recursos e influencias.

Decidimos que el monitoreo iba en serio, fuimos a Silicon Valley y logramos una alianza para desarrollar aplicaciones de uso en detección de canciones en cientos de estaciones de radio. Mi responsabilidad consistía en generar un el plan de negocios, el desarrollo de tecnología, la adaptación de los datos en un nuevo portal y mercadotecnia.

Para poder competir, era necesario que nuestra plataforma no sólo tuviera herramientas superiores a la de los competidores, debía ser un servicio que apoyara paso a paso a nuestros clientes.

Juan Carlos Ortiz y Antonio García, mis socios, se encargaron de la creación de una red de monitores por todo Estados Unidos, desde la compra de equipo de cómputo, hasta la coordinación y conexión física de servidores y antenas. Recorrieron el territorio acompañados de parientes, amigos y quien se apuntara con ganas de apoyar. Hay muchas anécdotas de esta aventura, pero una sobresale.

Ortiz y el Buki viajaron a Arizona para colocar los monitores; un amigo, Abel Quiñones, nos permitió poner uno en su casa. El sistema requería una antena de recepción en el techo, de esas como las de la televisión en pueblos de México; sin embargo, se les olvidó llevar una escalera. Antonio, como pudo, se trepó en el techo; el clima, que sobrepasaba los 43 grados centígrados, más la temperatura acumulada en las tejas, provocaron que su organismo sufriera un choque de calor que lo hizo entrar en pánico.

—Lánzate a la alberca —gritó Ortiz.

—No sé nadar.

Juan Carlos tomó una manguera, abrió la llave y disparó contra el Buki. Lo que no contempló fue que el agua acumulada en la tubería estaba ardiendo. Antonio gritaba y pataleaba.

Por fortuna, la situación no pasó a mayores y el día de hoy nos reímos de la aventura.

Para cuando echamos a andar este negocio ya había pasado un año, así que preparamos la celebración. La música ya tenía un certificador oficial y, a partir de ese día, todas las estaciones de radio serían monitoreadas.

La formación de la empresa de monitoreo era un gran acontecimiento para la industria y, en lo personal, representaba una victoria de campeonato. No teníamos toda la experiencia, hacíamos correcciones todos los días y nunca paramos; ajustamos y ajustamos sobre la marcha. Nuestras ganas de aprender eran muchas, pero no más grandes que las de servir a nuestros clientes.

Las relaciones forjadas a lo largo de mi carrera en la radio permitieron que amigos, empresarios, representantes de artistas y ejecutivos de las casas disqueras apoyaran nuestro proyecto. Todos nos extendieron la mano, fue algo que no vamos a olvidar y siempre estaremos agradecidos.

Estaba emocionado por la aceptación del proyecto de monitoreo, pero insatisfecho con los resultados en la radio, pues los *ratings* eran mediocres y yo era el único responsable.

Las oportunidades son como los amaneceres, si esperas demasiado te los pierdes.

Una tarde de 2004, Pío Ferro, mi compañero y amigo, me llamó con urgencia:

—Juanca, sintoniza la 101.9, algo muy grave está pasando.

El locutor Renán Armendáriz Cuello, el Cucuy, en un acto de rebeldía, declaró la guerra a Univisión, su empleador, y lo hizo al aire. Los insultos fueron gritos a los cuatro vientos.

«¿Cómo se atreve Renán a un ataque de esa magnitud hacia su propia empresa? Lo van a correr», pensé.

La emisora en la que laboraba Renán quedó en silencio; pasaron cinco minutos y de pronto se escuchó música. El Cucuy había abandonado los estudios acusando a la empresa de discriminación e injusticias laborales, entre otras cosas. Se fue con todo su equipo de trabajo: más de diez colaboradores.

«Ésta se va a convertir en una gran oportunidad para nuestra empresa, aunque yo tenga que dejar mi programa en la radio», pensé.

Mis jefes siempre han sido respetuosos, trasparentes, y aunque se trate de algo que pueda afectar mi posición, me toman en cuenta:

—¿Qué opinas sobre lo que pasó con Cucuy?

—Que debemos sacar la billetera y traerlo a La Raza.

Era lógico que apoyara la contratación del Cucuy, aunque, a decir verdad, creo que no tenía opción, la pregunta que me hicieron fue una cortesía. Yo había planeado dejar mi puesto como locutor y buscaría contratarme de asesor de programación y contenidos.

La celebridad de la radio angelina se empleó en nuestra empresa generando grandes expectativas y causando un ambiente de nerviosismo en Univisión; a mí sólo me quedó ponerme a la orden, si es que requerían mis servicios.

En muchos lugares de Latinoamérica, el Cucuy, también conocido como el Coco, es un personaje que pertenece al folclor y ha cobrado un significado mayor debido al miedo en el que vivimos quienes llegamos como ilegales a Estados Unidos.

Renán Armendáriz, el Cucuy, es un locutor que nació en Honduras, es una especie de enigma físico, con cualidades que lo hacen diferente; su creatividad y humor lo convirtieron en una leyenda de la radio. Su recorrido por las estaciones angelinas incluyó varias emisoras, en las que ocupó los primeros lugares de popularidad.

Era extraordinario ver su habilidad para narrar historias, una vez que lo escuchabas, ya era difícil desconectarse o bajar del carro, aunque fuera uno tarde para el trabajo.

El éxito viene acompañado de dinero, confianza, reconocimiento, críticas, soberbia, vicios y errores. A todos nos ha pasado en distintos niveles y nadie escapa de tocar fondo. El Cucuy dirigió con mucho éxito el programa matutino de La Raza de 2004 a 2008, pero en la locución también aplica la ley de la gravedad y todo lo que sube tiende a bajar; yo me quedo con el recuerdo y placer de haber trabajado con Renán, y con haber leído su libro *En la cumbre de la pobreza*.

Soy una persona de retos. Nada ha sido fácil, tuve dificultades como locutor y en mi vida personal.

A finales de 2004, el teléfono sonó, era mi jefe, Raúl Alarcón:

—Juanca, ¿cómo estás? Estoy en Los Ángeles, ¿me acompañas a tomar un café?

¿Qué sería de la vida sin el valor de intentar algo nuevo?

Durante el desayuno me dio una gran noticia:

—Acabamos de comprar la emisora KRZZ de San Francisco y me gustaría tu opinión sobre qué debemos hacer ahí.

Si algo disfruto es lanzar desde cero una nueva emisora, es una experiencia fascinante y, además, me daría la oportunidad de completar lo que quedó pendiente con La KOFY, en 1992.

Mi jefe ya se había convencido de lanzar La Raza en San Francisco, pero, como líder, siempre permite dar crédito a los responsables del proyecto.

—Debemos ponerle La Raza, una estación mexicana.

—Me da gusto que estemos en la misma sintonía, lancemos La Raza 93.3 por todo lo alto y ancho de la bahía de San Francisco —dijo el señor Alarcón.

Le conté la noticia a mi esposa; ella recordó cuando, recién casados, llegamos a esa ciudad, la cual no tuvo tiempo de conocer.

—¿Estás seguro? Porque yo no quiero mudarme a San Francisco —afirmó mi esposa.

Le expliqué que sólo trabajaría en la construcción de la emisora, y eso me llevaría cinco semanas de visitas esporádicas para seguimiento.

Convencidos del reto, nos mudamos temporalmente a San Francisco.

Mi trabajo consistía en armar un equipo competitivo de colaboradores. El primero en integrarse fue Jesse Portillo, como director de programación, quien tenía una exitosa carrera en la radio.

Hablamos con jóvenes que tenían potencial de estrellas, como Martín Romero, el Ratón, y Silvia del Valle, la Bronca. Esta parte siempre me llena de satisfacción porque significa dar oportunidad a talento emergente. El futuro de la radio está en las nuevas generaciones.

El lanzamiento de La Raza 93.3 estuvo acompañado de una práctica distinta. Mientras preparábamos el plan de mercadotecnia se realizó el ejercicio de lanzar la emisora internamente, es decir, todos los locutores harían sus turnos de manera regular, pero trasmitíamos en una línea privada para un selecto grupo de oyentes que representaba a la audiencia deseada; esto permitió que los locutores tomaran su ritmo y corrigieran su estilo. Se ajustaron la programación musical, la vestidura de la estación y el sonido.

Después de tres semanas apretando tuercas, y con el plan de mercadotecnia afinado, por fin salió al aire La Raza 93.3.

Fue espectacular, porque la estación se escuchaba potente y puntual como reloj suizo. La emisora fue desde cero hasta el primer lugar, un gran éxito. Aún recuerdo lo emocionante de este proyecto y el impacto que causó. Despertamos la radio competitiva y con imaginación.

La vida te da la oportunidad de escribir, revisar y mejorar tu historia todos los días. Debo reconocer que mi pasión por la radio restó mucha atención a mi familia. Desde el principio de mi carrera, salía de casa antes de amanecer, trabajaba de lunes a sábado como locutor y los fines de semana andaba del tingo al tango en bailes y promociones. Me emocionaba lo que estaba pasando a mi alrededor, esa seductora mentira llamada «popularidad».

Hombre que no pasa tiempo con su familia, nunca será un hombre verdadero.

Puedo decir que hacía lo posible, pero no lo suficiente para estar con los míos. Mi joven esposa me acompañaba en algunos eventos; sin embargo, en la práctica, ella no podía andar detrás de mí. Esto nunca fue fácil para Norma, pues el éxito atrae y la popularidad lleva a consecuencias que me metieron en graves problemas.

Dime a qué dedicas tu tiempo y te diré lo que amas.

Yo me perdí de muchos momentos clave en la vida de mis hijos, desde las ceremonias de sus logros escolares, actividades deportivas, la convivencia diaria y, sobre todo, hacerlos sentir que eran lo más importante.

Mi responsabilidad como padre era enseñarles el mejor camino para su crecimiento y bienestar. Me di cuenta de que debía encontrar un balance entre lo profesional y lo más valioso. Agradezco a Dios por darme a mis hijos, son los seres más preciados que tengo en la vida y a quienes les pido perdón por mi ausencia.

La falta de tiempo y atención afectó mi relación de pareja y pasamos por momentos de tinieblas. La vida duele, cansa, hiere, no es perfecta, no es coherente, no es fácil y no es eterna, pero nunca es tarde para comprender que las crisis matrimoniales casi siempre son causadas por un vacío y por la ausencia de Dios.

Hace treinta años, Norma y yo aceptamos ser los protagonistas de una historia; llevamos tres décadas de películas de todos los géneros: romance, aventura, comedia, drama, fantasía, ciencia ficción, infantil y alguna de terror. Le doy las gracias a Norma por quedarse y seguir siendo la estrella que renueva y actualiza la relación.

Apenas estamos en el intermedio de nuestro largometraje y mis sentimientos hacia ella siguen siendo los mismos, quizá mejores que cuando la conocí.

El 16 de marzo del 2005 estaba de visita de trabajo en la ciudad de Chicago, nunca pensé que en medio de la felicidad hubiera tanta tristeza. Esa noche recibí una llamada de mi desconsolada hermana, entre su llanto y sollozos no entendía con claridad lo que trataba de decirme. Por fin la pude comprender: «Miguel… ¡Miguel se quitó la vida!».

Dios nos dio la memoria para nunca olvidar a quien amamos.

Sentí un escalofrío, perdí el color y la voz al escuchar a mi angustiada hermana gritando: «¿Por qué lo hizo?». A esa hora, toda la familia, dispersa en diferentes regiones, ya estaba enterada. Yo no sabía cómo reaccionar ante el impacto de la noticia. Fue una de las noches más largas de mi vida y tuve que soportarla solo y divagando en el cuarto de hotel.

¿Preguntas? Todas las que podía, e incluso las que no pensé posibles.

¿Respuestas? Ninguna lógica.

En estos casos, solamente queda acercarse a Dios y le cedí un espacio para que me iluminara. «Hazte el fuerte, aunque por dentro tu alma lloré», me dije.

Llamé a mi esposa y la puse al tanto de la tragedia; con voz quebrada, le pedí que me hiciera llegar mi pasaporte y que consiguiera cómo salir a primera hora de la mañana hacia Michoacán. Debíamos estar con mi familia.

Mis pensamientos eran muy confusos, no podía ser real que mi hermano se quitara la vida, y en presencia de mi madre. Mi viejita, sola, se abrazó al cuerpo ya sin vida de su hijo hasta que, una hora después, llegó mi padre; los dos viejos con su primogénito, con el que se estrenaron, a quien vieron nacer y vieron morir.

Cuando una esposa o un esposo muere, eres viudo o viuda; cuando un padre o una madre se van, eres huérfano, pero no tengo claro qué eres cuando un hijo muere, ¿cómo se llama eso que debe parecerse tanto al infierno? La ley de vida debería dictar que los hijos sepultemos a los padres, no al revés.

Dolor, no hay nada más que eso. Dolor. Dolor externo que se clavó en mi corazón. No me alcanzaba la mente para imaginar qué orilló a mi hermano a tanto.

Me dieron la noticia y no me cayó el veinte. Durante el vuelo, un cúmulo de sentimientos presionaba mi pecho. Cuando me encontré solo en el asiento de aquel avión, solté el llanto, no pude evitarlo. Ese gigante volador de metal me llevaba a despedir a mi hermano. Me cubrí la cara con una chamarra y me volví un mar de lágrimas. La azafata y las personas que viajaban junto a mí preguntaban qué me pasaba; entre sollozos y voz quebrada les dije que me dirigía al sepelio de mi hermano, ¿cómo iba a estar bien?

Sentí que pude hacer mucho más por él, que debí poner atención y que en mis manos estuvo la oportunidad de evitar la tragedia. En ese momento, yo me sentía como quien mira de frente al sol y se queda ciego.

Al llegar a Tariácuri, con mis padres, pude percibir su inmensa pena; me devastó la tristeza de mi madre y el vacío que no se podría llenar en ninguna foto del futuro, mucho menos en sus corazones.

Perdieron a un hijo, les devolvieron una ausencia en cada Navidad, en cada Año Nuevo y en todas las fiestas familiares a las que ya no podrían llamarles así. Miguel era quien ponía el ambiente, siempre vestido de vaquero con su tejana de lana que era su identidad y lo distinguía desde lejos.

Con el tiempo, me quedó claro que algo mío murió con él y hoy sólo me consuelo acompañando a mi madre cuando canta *Tristes recuerdos*, la canción favorita de su hijo.

Pasé años abrumado por la tristeza, no encontraba la manera de consolar mi dolor, el sentimiento de culpa me seguía como un dedo apuntando directo a mi pecho.

Poco a poco, esa herida ha ido sanando; el tiempo me ha enseñado que honrar a mi hermano no es cosa de lágrimas, ni de pensar en lo que pude haber hecho por él. Solamente queda recordarlo por las cosas buenas y las alegrías que dejó a su familia, a mis padres y a sus amigos, porque eso durará por siempre.

«¡Detente! Respira profundo. ¿De dónde vienes? ¿En dónde estás parado? ¿A dónde quieres llegar? Reflexiona y sigue adelante».

El éxito trae tempestades, por eso es bueno hacer lo correcto, para cuando te corresponda enfrentar a la tormenta, lo hagas con la frente en alto.

En ese tiempo, se desató una investigación sobre más de cincuenta empleados de estaciones de radio en Estados Unidos, la acusación: payola, una práctica ilegal de soborno a la radio por tocar como parte de la transmisión regular ciertas canciones a cambio de pagos sin declarar, por lo general en efectivo.

Esta ilegalidad es considerada un delito leve, pero no deja de ser escandaloso en la industria de la radio y la música.

Al ser sospechoso y estar en la primera hoja de personas por investigar, me molestaba. Para no seguir inmiscuido en ese asunto, debía aclararlo lo antes posible. Llegué a la conclusión de que, si siempre había hecho lo correcto, ¿por qué debía inquietarme? Tenía que ser cooperativo y práctico.

Sonó mi teléfono; no era mi madre ni mi padre, eran los ejecutivos del corporativo de SBS, mi empleador en Miami:

—Te vamos a mandar abogados para que te asesoren en este problema, pero no te desenfoques de tus responsabilidades en la programación, eso es lo más importante ahora.

Nosotros éramos la casa productora de su publicidad, ofrecíamos servicios de distribución de sus canciones a las estaciones de radio. Todo legalmente facturado y documentado.

—¿Lo puedes verificar?

—Por supuesto, tenemos en regla todas nuestras declaraciones fiscales, estamos listos para una auditoría. La investigación tenía nerviosa a toda la industria, pero yo, gracias a Dios, salí avante.

Las mentadas que le gritan a un cácaro son poco, comparadas con tener al Internal Revenue Service (IRS) detrás de ti.

En 2006, el 1 de mayo, lanzamos en todo el país el desafío de *Un día sin latinos*.

Aquí estamos y no nos vamos.

Hoteles se quedaron sin camareros, restaurantes sin lavaplatos, jardines sin podar; incluso McDonald's informó que trabajarían con personal limitado.

Fue un día de gran simbolismo, pues los indocumentados tuvieron el respaldo de la voz de millones que hoy gozan de la legalidad, pero que un día vivieron discriminación, como ellos. Nos tocó apoyar a nuestros hermanos.

Todos los que trabajábamos en los medios hicimos una tregua, acudimos a la megamarcha sin pancartas publicitarias que representaran a nuestras estaciones; todos en una sola voz, con una sola bandera, con un solo color: el blanco. La movilización reunió a millones de latinos, en Los Ángeles, de costa a costa de Estados Unidos.

Fue la primera vez que todas las personalidades de la radio, televisión, artistas y líderes políticos recorrimos pacíficamente las calles hasta llegar a los capitolios a reclamar un mejor trato para los inmigrantes.

Ese día, retumbó el poder político y económico de los más de cuarenta millones de latinos en la «nación más grande del mundo». Es uno de los momentos que debo subrayar en mi carrera.

Recordé cuando dejé mi tierra, el cruce ilegal en la cajuela de un carro, el trabajo en el campo, la deportación y el sufrimiento: lo mismo que viven nuestros paisanos poniendo en riesgo sus vidas por el bienestar de sus familias.

A los racistas se les olvida que la mayoría de los habitantes de Estados Unidos tienen sangre de inmigrante.

Estados Unidos es «el país de las oportunidades», díganmelo a mí. ¿Por qué no luchar por nuestra música popular, la que no necesita pasaporte para cruzar fronteras, la que no es perseguida por la *migra*, la que llega y se queda para alegrar a los corazones de los latinos y es merecedora de grandes premios?

No es de extrañarse que la música popular mexicana sea la de mayor aceptación en Estados Unidos, pues la mayoría de los mexicanos y centroamericanos que vivimos aquí nacimos en comunidades rurales, donde el folclor está compuesto por sonidos de campo. Para mí, la banda de viento, las norteñas y las rancheras tienen una conexión directa con mis raíces, y eso mismo les pasa a millones de paisanos que encuentran en la música el alivio para la melancolía.

En un par de ocasiones fui invitado a premiaciones de la música, me inquietaba la ausencia de artistas del género regional mexicano, y cuando se lograba que Bronco, Los Bukis o Vicente Fernández aparecieran en esa fiesta, era de una manera muy sencilla, con una producción muy poco lucidora.

—Debemos hacer algo por la música popular mexicana, es la que más se escucha en la radio, la que encabeza las listas de popularidad —dije a mis socios.

Billboard, la revista especializada en música, ha intentado hacer eventos dedicados a este género, pero sin mayor éxito. En una ocasión, realizaron una pequeña *cumbre* dedicada al regional mexicano, a la que yo fui invitado en un panel de expertos para hablar sobre la problemática de la radio y este género.

Era notorio que a los organizadores les faltaban entender a nuestra música desde la raíz. Pienso que, como nuestros artistas son sencillos y poco glamurosos, los eventos no fueron atractivos para las televisoras, y desistieron.

Esta experiencia desértica me motivó para pensar en cómo podíamos hacer los reconocimientos muy a lo mexicano. Desde que salí de esa tan anunciada *cumbre* de *Billboard* no hice otra cosa más que reflexionar para darle importancia a lo que ellos estaban ignorando.

Para locuras, las mías. Ese día regresé a mi oficina y me reuní con nuestro equipo y socios; les comuniqué otra decisión:

—Vamos a hacer una convención y una premiación enfocada en el género regional mexicano.

Después de algún carraspeo y una breve vacilación, quizá involuntaria, volví a la carga, esta vez de manera más convincente:

—Sí, lo vamos a hacer, y comenzamos hoy mismo. Aquí tenemos el plan de negocio. Ya está decidido.

La responsabilidad más importante me correspondía: conseguir que todos los artistas aceptaran participar. Empecé por los fundamentales y difíciles.

Hice mi agenda de trabajo: primero, hacer llamadas directas a los artistas, lograr invitaciones y confirmaciones formales. Antes de levantar el teléfono me decía: «Cácaro, tienes que lograrlo, tienes que convencer». Luego respiraba profundo, marcaba y me aventaba mi *speech*. Por cada confirmación, empuñaba la mano derecha, gritaba «*Yes*» y me emocionaba más.

Marcando un lugar en la historia.

En agosto de 2007, cinco meses después, realizamos la primera Convención de monitorLATINO, que fue un éxito sin precedentes. Logramos que la industria creyera en nosotros y sintieran que nuestro único objetivo era fortalecer la música mexicana en una convivencia en la que todos aportaban compartiendo su sabiduría. Asistieron las grandes personalidades del medio y nos honraron con su apoyo incondicional.

Joan Sebastian fue nuestro invitado especial en la primera convención, en Los Ángeles, e hizo un hermoso y aplaudido solo de guitarra. Ese año, las bandas sinaloenses estaban resurgiendo y por supuesto que nos engalanó El Recodo.

Gerardo Ortiz se estrenó a lo grande, aunque a los 13 años ya había participado en el programa *Código Fama*, producido por Televisa, en el que quedó entre los cuarenta seleccionados. Le gustó a la gente y poco a poco comenzó a convertirse en una figura dentro del género regional mexicano.

También nos acompañaron el alcalde de Los Ángeles y las grandes figuras de la industria de la radio: locutores, manejadores de artistas, productores y promotores.

El hecho de que yo estuviera compitiendo en Los Ángeles como programador con otras emisoras planteaba un reto adicional, que consistía en convencer a los representantes de esas estaciones para que participaran en lo que llamaban «la convención de Juan Carlos Hidalgo». Ver a los grandes de la industria bajo un mismo techo fue muy emotivo. Por fortuna, se consiguió separar la filiación laboral de los asuntos del gremio, y el profesionalismo de todos fue notable al aceptar nuestra invitación para participar en ponencias y talleres, en los cuales compartían su experiencia.

La convención brilló, pues presentamos reconocimientos a quienes generalmente están detrás del escenario: empresarios, mánagers, productores, promotores, locutores y programadores de la radio.

Ese mismo, año la revista *Ídolos* me honró con el título de «hombre del año», por el impulso y el éxito en los negocios, lo agradezco, aunque lo que me motivaba era que nuestra música tuviera un lugar digno en la industria.

Los primeros cuatro años, las convenciones de nuestra empresa se efectuaron en Estados Unidos; sin embargo, luego se gestó el crecimiento como un concepto global. En medio de tanta actividad llegamos a otra conclusión: si la música mexicana viene de México, hay que hacer lo mismo allá.

Nada como lograr aquello que otros dijeron que no lograrías.

Han pasado veinte años desde que monitorLATINO se fundó, al principio tuvimos que improvisar e ir ajustando sobre la marcha. Hemos ganado la confianza que sólo se adquiere cuando al levantarse de los tropiezos que muchas veces son causados por acciones arrebatadas.

En el 2009, nos convencimos de que el siguiente paso era abrir monitorLATINO en México. Sin pensar mucho, nos dimos a la tarea de buscar inversionistas. Como ya había una historia de éxito en Estados Unidos, suponíamos que nuestra propuesta sería bien recibida.

Lo siguiente era conocer el mercado y buscar oportunidades, para esto, nos trasladamos a Guadalajara. Dicen que la ignorancia es la madre del atrevimiento. Apenas estábamos proyectando y aún no había un plan de negocios. El segundo día en la ciudad y ya estábamos rentando oficinas en la torre más alta; ahí mismo firmamos contrato de arrendamiento, nos apuntamos con el anticipo, que era un pago en efectivo. Complacidos porque habíamos puesto el primer ladrillo de nuestra empresa en México, fuimos a celebrar en grande.

A la mañana siguiente acudimos a lo que eran nuestras flamantes oficinas y nos comunicaron que no podíamos entrar, pues el contrato no era avalado por la administración del edificio y nos informaron que habíamos sido víctimas de una estafa.

Esa mala experiencia nos regresó al carril para tomar las cosas con calma, medir el terreno y asesorarnos antes de tomar decisiones.

Félix García, hijo de Alberto García Ibarra, mejor conocido como Chencho, un gran amigo, viajó a Los Ángeles, pidió una reunión y nos propuso dirigir la empresa de monitoreo de radio en México. Él apenas se había graduado de la universidad y tenía conocimiento de la industria, pues su padre llevaba toda una vida en esto. Me sorprendió que, para la primera reunión formal, Félix había hecho la tarea, preparó un estudio de mercado e identificó a los competidores en el país, que eran rudimentarios y manuales. Nuestra propuesta era innovadora por tener tecnología que permitía que los monitores de medios se realizaran de forma automática y con mínimo margen de error.

No se trataba de sólo contar con tecnología, había que identificar las oportunidades de negocio y conocer de fondo la composición geográfica, población y gustos de quienes escuchan radio en toda la república mexicana. Vale la pena recordar que nuestro negocio en Estados Unidos estaba basado en saber cuáles canciones eran las que más se tocaban en las estaciones de radio y qué beneficio tenían los artistas, disqueras, autores y empresarios. Debíamos analizar a nuestros clientes potenciales.

Las disqueras y casas de representación de artistas se ubicaban en la Ciudad de México. Nuestros amigos de la Asociación Mexicana de Productores de Fonogramas y Videogramas nos asesoraron y nos presentaron con los ejecutivos de las disqueras transnacionales: Sony, Universal, Fonovisa, EMI, Capitol y Warner, entre otras.

Sentimos que había una gran resistencia a nuestra propuesta.

El trabajo rudimentario de la competencia cubría las tres ciudades más importantes de México: la capital, Monterrey y Guadalajara. Al hablarles de nuestro proyecto con avances tecnológicos nos expresaron que estaban satisfechos con lo que tenían.

Lo que proponíamos era un monitoreo de música con cobertura nacional. Intentamos convencerlos, explicamos que había grandes oportunidades en la zona del Pacífico, donde se encuentran los sonidos que originan la música de banda. «Y podremos ver qué pasa en el centro, norte y sur del país», insistimos, pero nuestro intento fue en vano.

Un maestro me dijo: «Los riesgos son del tamaño del éxito», así que nos aventamos con el primer servicio de monitoreo y verificación de música y publicidad en México. Félix, ya contratado como director en jefe, armó un equipo de trabajo que incluía a jóvenes ingenieros que mostraron una actitud entusiasta y abrazaron el proyecto. Picando piedra, empezaron a llegar poco a poco los patrocinadores.

Con el tiempo, las disqueras transnacionales se convencieron de los beneficios de nuestro servicio y nos tendieron la mano.

Cada minuto que pasa es otra oportunidad para seguir creciendo.

-*Vanilla Sky* (2001)

Los *charts* de monitorLATINO ya eran los referentes certificadores de la música en Estados Unidos y México. Debíamos seguir avanzando, entonces nos preguntamos en qué otro país nuestro servicio podría influir positivamente para el crecimiento de la industria musical.

Debíamos determinar si en alguna parte de Latinoamérica había un creciente movimiento musical, y como la bachata ganaba admiradores en Estados Unidos, volteamos la mirada hacia República Dominicana, donde establecimos la primera empresa de monitoreo de música y comerciales de radio.

En esa búsqueda de expansión, ampliamos nuestra cobertura a Colombia y, sorpresa, cuando vimos los *charts*, nos dimos cuenta de que no conocíamos a varios artistas en las listas, y que hoy son superestrellas a nivel mundial.

Nuestro interés no sólo es monitorear la radio así porque sí, es encontrar nuevos artistas, propuestas musicales y herramientas que ayuden a fortalecer la industria.

La ampliación del servicio llego al Cono Sur y, de pronto, ya teníamos a toda Latinoamérica.

Un ejecutivo de una importante casa discográfica nos dijo que no sabíamos lo que acabábamos de hacer; este servicio se convertiría en un semillero de nuevos artistas, de ahí saldrían las nuevas grandes estrellas.

Mi legado

Nadie te golpeará tan fuerte como la vida.

Para 2010, nuestra empresa, monitorLATINO, atendía las necesidades de la industria musical y radiofónica en Estados Unidos, México y Republica Dominicana; sin embargo, buscábamos abrir mercado en Colombia y toda Sudamérica. Queríamos dar el reconocimiento merecido a los intérpretes de la música popular, pues las premiaciones importantes, como Billboard y Premios Lo Nuestro no mostraban interés en este género.

Concluimos que era momento de hacer la convención de música en México. Qué mejor lugar que la Perla tapatía, Guadalajara, Jalisco, para la primera cumbre de la música, presentando tres días de seminarios y talleres. Bajo el mismo techo, estarían los ejecutivos más valiosos de la industria discográfica y la radio.

Nos dimos a la tarea de extender la convocatoria y pudimos asegurar la asistencia de grandes como Vicente Fernández, Wisin y Yandel, Alejandro Fernández, Marco Antonio Solís, Joan Sebastian, El Recodo, Jenni Rivera, Juanes, Gerardo Ortiz y Julión Álvarez, quienes eran los artistas del momento, y por primera vez estarían juntos en un congreso de la industria. Éste fue uno de los tropiezos más fuertes en mi carrera, pero las derrotas son mejores maestras que las victorias.

Tomé una decisión arrebatada a meses de la convención en México: organicé una premiación a lo grande en el auditorio Telmex de Guadalajara; la idea era negociar con Televisa o Telemundo, en Estados Unidos, para que fuera trasmitida por televisión. Cuando presentamos el proyecto y la cartelera a los ejecutivos de las televisoras, se mostraron incrédulos, pues nadie había reunido a tantas estrellas en un solo evento en México. La negociación no fructificó, pero eso no nos impidió seguir con los planes.

Había que encontrar rápidamente a un productor con experiencia; buscamos aquí y allá hasta que nos recomendaron a una persona que había trabajado en uno de los canales de videos de Televisa, eso bastó para contratarlo.

El tiempo corría y me di cuenta de que estábamos a unas semanas del evento. Yo hacía cuentas con los dedos de las manos y de los pies para no sobrepasar el presupuesto. Univisión gastaba entre cinco y diez millones de dólares para una producción de ese nivel; nosotros no teníamos ni cinco por ciento, entonces pedimos favores a todo el mundo. Los artistas, desde los que empezaban, hasta las figuras más emblemáticas, nos respaldaron, asistieron sin pago y, la mayoría, por su cuenta. Marco Antonio Solís, generoso, puso su avión privado, hotel, transportación local y su seguridad; Joan Sebastian llegó con sus recursos; lo único que solicitó don Vicente Fernández fue saludarme en persona en su camerino. Todos arribaron puntuales.

En el estacionamiento del Auditorio Telmex lucían autobuses de gruperos, limusinas, tráileres y autos privados, pero había algo que no encajaba, que me tenía incómodo, sin dormir, que me robaba la paz mental. Me la pasaba como un coyote sobre la presa, de aquí para allá y de allá para acá; daba vueltas, me sentaba, me levantaba, me hacía falta todo y a la vez nada.

Resultó que ni el productor ni nosotros teníamos la experiencia para llevar a cabo un evento de ese tamaño. El ambiente en Guadalajara estaba tenso; apenas se habían suscitado algunos eventos relacionados con el crimen organizado y había nerviosismo entre los artistas.

Llegó la fecha de la premiación, la que todos esperaban; los medios de comunicación querían ver de lo que éramos capaces: las negociaciones para los siguientes años dependían de lo que ellos juzgaran.

Como capitán del barco, me fui muy temprano al auditorio. La producción ya estaba montada, pero me di cuenta de que no se habían hecho las pruebas de rigor, luego comprobé que el productor tenía demasiados tropiezos en los ensayos. Los artistas percibieron el nerviosismo y notaron que éramos unos novatos, pero ya estaban comprometidos y aguantaron con profesionalismo y, por qué no decirlo, para ayudarme a sacar adelante el evento.

Algunos solicitaron, de último momento, cambios de horarios o de pistas, lo cual provocó inconsistencias en el programa. Yo sentía mucha ansiedad y un extraño sentimiento de insatisfacción con los preparativos. La entrega de galardones estaba a punto de comenzar. Eran las seis de la tarde, teníamos treinta minutos para arrancar; ya estaban presentes todos los artistas.

Llegó la hora de la verdad, el auditorio estaba a reventar y el productor muy campante en su zona de paz, dando instrucciones distintas y contradictorias, mientras yo experimentaba incertidumbre y sospechaba que no se habían previsto los detalles importantes.

Houston, tenemos un problema...

-Apollo 13

La primera en actuar sería Jenni Rivera (e. p. d.). Por radio, desde *backstage*, nos dijeron que estaban listos. Empezó la cuenta regresiva de un minuto, cuarenta y cinco segundos, treinta, veinte, diez segundos. Nueve, ocho, siete, seis, cinco, cuatro, tres, dos, uno...

Se presiono el botón de arranque y se lanzó el video de presentación, pero no tenía audio; las imágenes corrían mudas en la pantalla; eso no pasaba ni en las peores noches del Cine Hidalgo, en Tariácuri. Yo tenía ganas de gritar «¡Cácaro!», para ver si las cosas se arreglaban de milagro. Vi técnicos corriendo por todos lados, hasta en un túnel que cruzaba por debajo del auditorio; revisaban cable por cable que conectaba con un pequeño estudio móvil en la parte trasera del teatro. No fueron dos minutos, sino una hora y veinte de retraso.

Los artistas empezaron a inquietarse. Don Vicente Fernández, listo desde temprano, esperaba turno en su camerino, así que me pidieron que fuera a darle tranquilidad. El tiempo corría y el público empezaba con el abucheo. Yo estaba nervioso, intranquilo porque el cácaro era yo y no podía hacer nada; sin embargo, permanecía firme para recibir esas rechiflas. Finalmente, después de una larga y estresante espera, solucionaron el problema de audio.

El interior del camioncito que servía como cabina de control era un caos. Desde ahí, los productores mandaban todo el material de apoyo visual, pero lanzaban videos equivocados y eso me puso muy nervioso; me sentía como león enjaulado: corría del escenario a la cabina de control, con la intención de poner un poco de orden, pero, de pronto, me quedé sin aliento, débil, con sensación de desmayo. Mis piernas no respondían y caí de rodillas frente a los artistas que esperaban su turno.

Uno de mis amigos corrió hacia mí, me abrazó y, tambaleante, me llevó a un lugar privado; pensó que no era bueno que los artistas me vieran en ese estado. Me dejó un momento para salir corriendo en busca de una Coca-Cola. Dios se hizo presente y poco a poco recuperé la respiración. Alguien quería llamar a los paramédicos y dije que no, que tenía que seguir adelante. Aspiré fuerte por la boca. Mi amigo no se separó de mí hasta que pude normalizar la respiración. Ya dentro del centro de control, en el pequeño remolque, agarré el programa y hablé con los ingenieros:

—Jóvenes, todo en la vida tiene solución; tranquilos. Vamos a ir un número musical y una premiación a la vez.

Entendí que no debía trasmitir mi crisis de angustia. Mientras tanto, el desfile de representantes y artistas seguía llegando y preguntando: «Juan Carlos, ¿qué hacemos? ¿Nos vamos o nos quedamos?».

—Quédense, por favor —les respondí.

Siguieron unos segundos de quietud y el programa parecía tomar rumbo, pero unos minutos después, entró abruptamente el mánager de un artista, gritando y demandando una explicación del porqué se pusieron las pistas equivocadas, pues su representado había practicado con unas distintas —éste fue uno de los que pidieron cambios de última hora. Se dirigió a mí con palabras altisonantes y entendí que había lanzado una amenaza; detrás de él entró otra persona, que de inmediato me reconoció y le dijo al agresor:

—Salte de aquí, no sabes lo que estás diciendo; el señor es alguien muy importante y estamos aquí para apoyarlo en lo que sea necesario.

Finalmente, el joven mánager salió. El nerviosismo aumentó en el diminuto espacio donde apenas cabían cuatro personas. Yo sentía una impotencia absoluta, pero tuve que tomar consciencia y control. Me dirigí a los técnicos:

—Aquí no pasó nada. Seguimos con el espectáculo.

La premiación, que estaba planeada para durar tres horas y media, se prolongó hasta casi cinco. Mi mente estaba bloqueada, llena de dudas y, por cada artista que presentábamos, nos estaba esperando algún contratiempo.

Sudaba frío, mis manos temblaban, mi mente no funcionaba de manera normal; la desesperación se apoderó de mí.

La fiesta y la celebración se convirtieron en un desastre de logística. Quise tomar un trago, pero sabía que el alcohol baja la guardia, suelta la lengua y altera el sentido de la realidad; era un riesgo para alguien que debe medir sus actos, así que desistí.

Terminamos.

Salí y corrí tras de un camión de producción. Mis hombros se encogieron, bajé la cara y mis manos alcanzaron a cubrir mi cabeza; me agaché y, a solas, solté el llanto. Mi estómago había resentido todo el estrés acumulado y empecé a vomitar un líquido amarillo y amargo, luego, eché fuera lo poco que había comido. Ahí permanecí durante varios minutos, desvanecido, sintiendo una gran culpa. Me decía en silencio que eso me pasaba por dármelas de genio.

Se corrió la voz de que me habían llevado al hospital. Ya tarde, recibí llamadas de algunos mánagers y artistas como Jenni Rivera, Joan Sebastian y otros, que mostraban preocupación por mi salud y ofrecían palabras de aliento.

El día de hoy, sé alguien que provoque momentos memorables, sonrisas reconfortantes y reconocimientos inolvidables.

-César Lozano

Pasé la noche desmoralizado. Al llegar al hotel, pensé en entrar por la puerta trasera para que nadie me viera. Estaba avergonzado.

Al siguiente día, desvelado y en el peor estado de ánimo, leí las reseñas en los periódicos locales y nacionales; hablaban de la exitosa convocatoria, hacían alguna ligera alusión a la falta de coordinación y fallas técnicas. Eso causó un poco de alivio. La mayoría de los asistentes nos felicitaron y hubo quien dijo que «no estuvo tan mal».

Debo de reconocer que ésta fue la experiencia profesional más difícil que he vivido. Cada uno tiene su propia manera de ver las cosas. El que está detrás del escenario cree que todo es un caos más o menos ordenado. Los que están delante responden de otra manera. Los comentarios quedaron ahí. El público, en general, no se dio cuenta integralmente de lo que sucedió esa noche. Yo viví un evento con contratiempos, errores y caídas que me dejaron un gran aprendizaje.

Entré en un estado de negación; me parecía mejor dejarlo en el olvido. El cierre del evento de Guadalajara y su entrega de premios fue un recorrido sinuoso, plagado de errores y aciertos, de derrotas y victorias; fue una lección inolvidable.

En 2007 conocí al conferencista César Lozano, durante la primera convención de monitorLATINO; él fue ganador en una terna bastante competida: mejor locutor de México. Me llamó la atención, pues nunca había visto a un presentador celebrar con tanta efusividad, y me contagió su entusiasmo. «Estoy muy, pero muy feliz de que me honren con el premio al mejor locutor del año», dijo al recibir su galardón. Esto tiene un significado muy grande para mí. Al bajar del estrado, vi cuando llamó a su esposa y a sus hijos: «Mi amor, acabo de ganar el premio monitorLATINO, y esto es para ustedes».

En una de mis visitas de trabajo a Guadalajara, me enteré de que César daría una conferencia en un teatro de la ciudad. Hablé con su coordinador y le solicité asistir a la charla. Quedé sorprendido al ver el absoluto dominio, la habilidad y la manera tan divertida de dirigirse a sus seguidores. Estaba convencido de que él debía tener un programa de radio y de llevar sus conferencias a Estados Unidos. Después de saludarlo, lo invité a desayunar. Nos reunimos en su hotel.

—Doctor, no sé si usted sabe de mí.

—Claro que sí —replicó inmediatamente—. Me halaga que hayas venido a mi conferencia.

En mi mente estaba clavada la idea de llevarlo a Estados Unidos, donde la gente necesita motivación; estaba seguro de que, si hacíamos un proyecto de radio, aportaría bienestar a la vida de los paisanos.

—Le propongo poner su programa en más de cien estaciones en Estados Unidos.

—¿Cien estaciones? Va, ¿en dónde firmo?

Ni siquiera hablamos de compensaciones, pero era obvio que debíamos negociar los detalles en otro momento.

A pocos días de mi regreso a Los Ángeles le hice llegar una propuesta: yo me encargaría de ponerlo en la radio y sólo pedía ser el representante de su gira de conferencias en Estados Unidos.

—Trato hecho —me dijo.

Me llenó de alegría que confiara en mí. Meses después, logramos un acuerdo de sindicación de su programa en decenas de emisoras de radio en el país de los dólares.

Esa relación de negocios se convirtió en una gran amistad. Su programa ya había ganado popularidad y el momento era oportuno para hacer un recorrido con sus conferencias por todo el país, lo que requería de una gran logística.

Un día, mi asistente, Ana, me anunció que me buscaba una persona de nombre Daniel Ramírez, pedía hablar conmigo sobre César Lozano.

Tomé la llamada y escuché a una persona con acento mexicoamericano, pero con tono de seguridad:

—Juan Carlos, te tengo una gran propuesta; estoy seguro de que te va a interesar, sólo te pido que me aceptes una invitación a comer, vivo en El Paso, Texas, pero si me lo permites, yo viajo a Los Ángeles para reunirme contigo.

Acordamos una fecha.

La siguiente semana, mis jefes del corporativo me sorprendieron con una visita a la ciudad para analizar propuestas de contratación del Piolín, un locutor muy famoso, así que sostuvimos varias reuniones sobre la operación de la empresa en Los Ángeles. Ana llamó y me dijo:

—Jefecito, llegó el señor Ramírez para su encuentro.

Me encontraba atareado y no podía escaparme, la verdad es que olvidé la reunión con Daniel Ramírez y me era imposible atenderlo.

—Dile, por favor, que lo puedo ver mañana a las ocho de la mañana.

Mi invitado se preocupó porque sólo venía por un par de horas y su vuelo de regreso estaba programado para esa misma tarde.

—Dile que se venga ahorita al hotel y me espere en el recibidor; me voy a escapar por cinco o diez minutos para hablar con él; es todo lo que puedo ofrecerle en este momento.

Sentí que de esa reunión vendrían cosas buenas.

—Mil disculpas, Danny, vamos al grano, ¿qué puedo hacer por ti?

—Hablé con el doctor Lozano y me contó de ti, dice que tú tienes su gira; invítame al proyecto, necesitas a una persona como yo en tu equipo.

Sentí un poco arrogante el comentario y le pregunté:

—¿Por qué crees eso?

—Porque soy un experto en logística y coordinación de eventos, tengo toda la experiencia, y eso te va a quitar un peso muy grande de encima.

Tenía mucho sentido.

—Me late, Danny, hablamos con calma en los siguientes días, ahora estoy muy ocupado, pero prometo buscarte pronto.

Pasaron las semanas y no me había comunicado con Daniel como lo prometí. Una tarde, mi esposa Norma me dijo que viajaría a Ciudad Juárez a esperar a su padre, quien debía ir a tramitar su documentación legal para entrar a Estados Unidos y le dije:

—Tú no puedes ir a Juárez sola.

Ella insistió, por lo que decidí acompañarla.

Recordé que Daniel vivía en El Paso y lo llamé para avisarle que estaríamos en la frontera un par de días y podríamos retomar la conversación sobre la gira del doctor Lozano. Inmediatamente, Daniel se ofreció para atendernos y llevarnos a Juárez. Nunca imaginé que ese encuentro se convertiría en el inicio de una extraordinaria amistad, una bendición para mí y para mi esposa. Ahora, no sólo somos socios en las giras del conferencista más aclamado de América, también nos hicimos compadres, pues Danny y Liz, su esposa, nos hicieron el honor de invitarnos a ser padrinos de Valeria, su hija. Agradezco a Dios por haberlos puesto en nuestro camino, ellos han estado a nuestro lado en momentos cruciales; su espiritualidad y cercanía con Dios nos ayudaron a fortalecer nuestro matrimonio y encontrar paz interior. Mi santa madre siempre me dijo: «Hijo, Dios llegará a ti a través de las buenas acciones y de personas que estarán contigo cuando más lo necesites, aunque tú no lo pidas». Danny y Liz representan la bondad que anima sin ningún interés, ellos son uno de los muchos regalos que me ha dado la vida.

La música es el sonido de nuestras vidas.

Me fascina la música, a estas alturas, eso ya lo saben; me encantan los conciertos y las grandes producciones. Yo voy a los recitales porque disfruto ver detalles de escenografías; si se puede, solicito que me permitan visitar el lugar desde donde se origina el descomunal show, desde donde surgen las genialidades que vuelven loco al público.

Ser preguntón, metiche e inquieto me ha ayudado a saber un poco más de esta fascinante área del espectáculo. Me di cuenta de que esto también es parte de mi vida, de que siento un gran respeto y admiración por los ingenieros de audio, los iluminadores y los apoyos visuales. Soy de los que analizan la escenografía; cuento lámparas, observo la colocación de pantallas y los efectos; miro cómo los artistas manejan el escenario y me emociono cuando el público reacciona con la magia escénica.

Siempre me gustó la realización de bailes y conciertos, pero ahora tengo la visión de que todo lo que hagamos debe ser innovador y sorprendente. Me involucro en las decisiones de producción y diseños de escenografía, pues me interesa que nuestro público viva una experiencia inolvidable. Hemos hecho eventos masivos en estadios, todos de alto calibre para un público que lo merece todo.

Hace años, la empresa para la que aún laboro creó una división de entretenimiento, especializada en producir eventos masivos en las principales ciudades de Estados Unidos, desde Nueva York, Miami, Los Ángeles, Chicago, San Francisco y Las Vegas, hasta Puerto Rico. Lo mío han sido conciertos de artistas del género regional mexicano, pero igual le entro a lo pop, al tropical y al reguetón.

Nuestro equipo de planeación, negociación, producción, logística y promoción está formado por ejecutivos sumamente profesionales, personajes muy imaginativos, soñadores y con una gran habilidad para comprender a las audiencias. Soy muy afortunado, yo aprendo de todos, todos me han compartido su sabiduría; lo que sé, lo he aprendido de mucha gente. Veo que los jóvenes van con las tendencias en tecnología visual y auditiva, y yo me apoyo en ellos para la mejor realización de conciertos innovadores.

Hace quince años nació la idea de un concierto que hoy es ícono en la música urbana: Calibash, un evento que introdujo el concepto de un escenario giratorio que permite poner ante el público a más de quince artistas en un concierto de cuatro horas; es un extraordinario espectáculo que no se interrumpe ni un segundo. Calibash ha evolucionado a través de los años y hoy es el mejor en todos los sentidos, principalmente en el nivel del show.

Calibash es el principal evento de la música urbana y uno de los más lucrativos de la industria.

Los artistas de la música regional mexicana estaban acostumbrados a bailes en pequeños salones, en los que los asistentes no podían disfrutar de un concierto decoroso. Siempre he pensado que las personas no disfrutan de un espectáculo en espacios donde están tan juntas que no saben si el sudor es suyo o de alguien más; además, ¿por qué nuestro público tiene que ir a un evento tan malo y con una producción tan pobre, en galerones con una acústica malísima? Sencillamente no hay manera de disfrutar en esas condiciones.

Nos dimos a la tarea de dignificar el espectáculo de nuestra música, que es el alma de nuestro folclor, así que las bandas, los norteños, los mariachis y los solistas se merecen algo de mejor nivel.

Ahora, artistas como Julión Álvarez, Banda MS, Los Ángeles Azules, Bronco, Firme o Los Bukis van a estadios en los que sólo se presentaban artistas como los Rolling Stones.

La producción de los nuevos eventos regionales debía ser asombrosa, con absoluta comodidad para los fans, quienes hoy tienen un lugar asignado donde sentarse, bailar, cantar y disfrutar de un super-respectáculo con una acústica que permite disfrutar al máximo. Estas iniciativas han permitido mejores alianzas con todos los artistas.

Hay un público selecto al que le gusta el ambiente de las charreadas, jaripeos y festivales, con todo y polvareda; este tipo de eventos los remontan a su terruño y a las tradicionales fiestas y jaripeos de sus pueblos; nuestro compromiso con la audiencia está basado en darles lo que les gusta con la mejor calidad, pues trabajan duro para conseguir un boleto para disfrutar de su música, su ambiente y su gente; por esta razón busqué el lugar ideal: el lienzo charro Pico Rivera Sports Arena, en Los Ángeles, operado por la familia López, expertos en el ramo, con quienes acordamos armar una cadena de más de cincuenta jaripeos, todos de conceptos distintos y con los mejores artistas; ahí nació el Día nacional de la banda, un espectáculo con las mejores agrupaciones: El Recodo, La Arrolladora, Banda MS, Pancho Barraza, entre otras, con una producción de altos vuelos.

Poco después, vino la joya de la corona: el Día nacional de la banda en un barco. La publicidad decía algo así:

Vive tres noches inolvidables a bordo de un crucero de cinco estrellas y disfruta de los conciertos en vivo de las mejores bandas: Banda MS, El Recodo y Los Recoditos.

En el puerto de Long Beach, miles de fans abordaron una nave de la Carnival Cruise Line hacia Baja California, México. Fueron tres días y noches de fiesta intensa. Sobre la cubierta, se montó una superproducción y ahí, en medio del espejo del cielo, aparecieron las famosas agrupaciones que amenizaron la fiesta más explosiva de la industria. ¡Fue histórico!

¿Cómo es que se hacen posibles estos majestuosos eventos? Mi respuesta es sencilla: en este negocio todos nos damos la mano y coincidimos, no por un interés particular, sino por un objetivo común: agradar al público. Apoyarnos es una parte esencial del negocio, es un beneficio colectivo.

Llevo un poco más de tres décadas en esta industria, treinta y tres años, para ser exactos, y siempre he trabajado partiendo del respeto a los oyentes, quienes le han dado continuidad a mi profesión. Aunque parece que mi especialidad es el regional

El arte de programar una estación de radio comienza por reconocer los gustos de quien la escucha.

mexicano o la música popular, siempre disfruto de atender emisoras de formatos distintos: desde música pop hasta género urbano y de música de antaño.

Lo más importante es crear emisoras altamente competitivas, desarrollar talentos, producir contenidos y eventos, siempre con la filosofía de que todo debe ser mejor que lo que había antes, pero no más que el que sigue.

Estoy en constante búsqueda de novedades y todos los días me asomo a la puerta misteriosa de lo desconocido, hasta acertar en la fórmula perfecta que haga que la gente diga: «¡Súbele a la radio!».

Un éxito es la canción que se hace eterna.

-*Rapsodia bohemia* (2018)

A veces, quienes programamos las estaciones de radio confundimos lo que nosotros creemos que le gusta a la gente lo que en realmente están buscando los oyentes.

Cientos de canciones nuevas se agregan a las listas de la radio cada año, y la mayoría pasan desapercibidas. Un buen programador de radio debe tener intuición para identificar cuales pueden perdurar en el repertorio de la eternidad.

Si escuchas a los que te escuchan tendrás éxito.

Hoy en día, son muy pocas las emisoras en español que invierten en preguntar a sus oyentes lo que quieren escuchar, así que pensé que deberíamos diseñar nuestro propio sistema de calificación de contenidos de manera práctica y al alcance de cualquier empresa, sin importar el tamaño de su mercado, beneficiando a las emisoras y a su público.

Es cierto que la gente no sabe lo que le gusta, hasta que lo prueba. En la radio debemos dar oportunidad a nuevas propuestas para que el público decida.

La mayoría de los éxitos inician en la radio, pero la mayoría de los artistas se hacen en la calle y hay que estar atentos, porque aparecen cuando menos lo imaginamos.

En 2015, Benito Antonio Martínez Ocasio, conocido como Bad Bunny, estaba empacando comestibles en un supermercado de Puerto Rico; un año después, subió a

Al mal tiempo buena música.

SoundCloud grabaciones caseras, un productor lo escuchó y lo contrató; su primera canción, *Soy peor*, alcanzó 330 millones de reproducciones; lo demás es historia.

En 2017, yo estaba en casa de mi padre viendo un partido de fútbol; jugaba el equipo de sus amores: las Chivas rayadas de Guadalajara. Era la final del campeonato del fútbol mexicano, ganaron las Chivas tres goles a uno a los Monarcas de Morelia. Durante el festejo de los jugadores, en el vestidor cantaban «Adiós, amor, me voy, de ti, y esta vez para siempre...». Se me quedó grabada parte de la letra y pregunté quién la interpretaba. Alguien me dijo que la tonadita era de un chavito de Caborca, Sonora, llamado Christian Nodal. Conseguí la pieza, hablé con sus padres y ahora sus conciertos están repletos.

Durante la pandemia, surgió un grupo mexicano que subía videos cantando éxitos de otros artistas en un ambiente de amigos en el patio de su casa: Grupo Firme. Hoy son los más grandes del género.

Así es esto de la música, siempre nos sorprende. Debemos estar comprometidos en una constante búsqueda de ídolos. Dice un amigo que no es sólo cuestión de estar cazando como los osos, esperando a que brinque el salmón. Hoy en día, muchos artistas llegan rápido, pero igual desaparecen. Raúl Velasco decía que «las estrellas son estrellas por inalcanzables», y en esta época, con las redes sociales y plataformas digitales, están más cerca; quizá por eso son menos luminosas e inalcanzables.

El público es quien manda y seguirá mandando, esperando, pidiendo, aceptando y luego, posiblemente, olvidando. La verdad es que la calidad no abunda en estos tiempos y estamos necesitados de ídolos a quienes adorar y rendir culto. Muy a menudo nos preguntamos quiénes serán los siguientes grandes de la música, dónde están los Vicente Fernández, Joan Sebastian, Juan Gabriel, Celia Cruz, José José o Rocío Dúrcal; aquellos íconos que derribaron las barreras del tiempo.

La radio seguirá siendo el medio que acompañe a las personas, siempre que ofrezca contenidos verdaderamente relevantes.

No sólo de música vive la radio.

Al inicio de mi carrera, alguien creyó en mi talento, alguno me abrió las puertas de la radio, me permitió lograr mis sueños y me cambió la vida; ahora me toca ser recíproco. Siempre estoy atento a quienes tienen potencial, no importa de dónde vengan.

Ricardo Sánchez, el Mandril, me vaciló con sus puntadas mientras visitaba al propietario de una estación de Tijuana y vino a Los Ángeles por su primera oportunidad con nosotros; luego de estar sin un quinto en la bolsa, logró contratos millonarios. Ricardo viene de una familia numerosa que enfrentaba serios problemas económicos y, con gran sacrificio, llegó a ser el locutor más escuchado en decenas de ciudades de Estados Unidos. Soy muy afortunado de haber colaborado con él.

Un día, mientras subía el elevador de nuestras oficinas, me encontré con una chica que iba entrada en una amena plática con sus compañeras; apenas habían pasado veinte segundos cuando me di cuenta de que tenía chispa y ese algo que se necesita para triunfar, entonces la interrumpí y le pregunté:

—¿Quién eres tú?

—Me llamo Melissa, ¿por qué?

—¿Trabajas aquí?

—Sí, acabo de entrar al departamento de promociones.

—Tienes estilo y me gusta tu naturalidad al hablar.

—Y usted, ¿quién es?

—Mi nombre es Juan Carlos Hidalgo, director de programación.

—¿De verdad?

Yo iba corriendo a una reunión. Esa tarde le pedí a Ana, mi asistente, que la buscara y agendara una reunión con ella. Invité a Xavier Villalobos, un amigo y colaborador de producción.

—¿Cuál es la razón por la que escogiste trabajar en promociones en una estación de radio? —le pregunté a la chica.

Me contó que estaba por terminar sus estudios y el colegio le requería cumplir con las horas de practicante, así que una amiga le comentó que nuestra empresa daba espacio a los estudiantes.

Le ofrecí una oportunidad para hacer un demo de locución y, con unas cuantas instrucciones, la mandé con Xavier al estudio para hacer una muestra.

Melissa Ríos pasó del *turno del tecolote*, en las madrugadas, al estelar en las mañanas en Mega 96.3, después trabajó en KAMP Radio y en KPWR Power 106, una legendaria emisora en Los Ángeles; actualmente hace el turno de las tardes en la emisora KLLI, con mucho éxito.

A Adal Loreto lo conocí en Yakima, Washington, en una pequeña estación en la que me contrataron como asesor; era un talentoso y carismático practicante, siempre supo que sería un triunfador y no descansó hasta que lo consiguió, con una recomendación de mi cuñado. Adal llegó a KLAX en un momento complicado, apenas lo había contratado y mi sucesor lo despidió a una semana de su arribo; seis meses después de mi recontratación con la empresa, lo jalé de nuevo, pues siempre pensé que tenía pinta de estrella. Hoy disfruta de una sólida carrera como locutor, personalidad de televisión y talentoso cantante. Por ahí dicen que es mi consentido, y la verdad lo admiro por su pasión, creatividad y profesionalismo.

Una noche de domingo, pasadas las once, escuché a una locutora en La Raza, su voz era diferente, de ésas que no encuentras muy a menudo. «¿Quién es ella?», me pregunté. Conseguí su información y la llamé al siguiente la mañana siguiente; le pedí nos reuniéramos ese mismo día. Llegó tarde a la cita, vestía unos jeans rasgados y su pelo era un poco desordenado, me hizo un par de bromas atrevidas y su carácter fuerte me hizo recordar a la actriz de una película del Cine Hidalgo, Blanca Guerra, en *El Coyote y la Bronca*, con Vicente Fernández.

—¿Cuál es tu nombre?

—Silvia del Valle.

—Desde hoy te vas a llamar la Bronca.

—Ah, Chihuahua, ¿y eso?

—Ese nombre va a definir tu estilo y auguro que vas a tener mucho éxito como locutora.

La contratamos para un horario estelar en La Raza 93.3, en San Francisco, y hoy es una de las mujeres más influyentes, una superestrella de la radio de Estados Unidos.

Saliendo de un concierto, después de la medianoche, escuché a otra locutora en Mega 96.3; su alegría, carisma y entusiasmo eran notables. Con gran habilidad iba del inglés al español y sonaba muy natural; pocas semanas después, Yolanda Girón ocupó el puesto de siete a doce de la noche y, hasta hoy, seis años más tarde, sigue con un éxito constante. Si las escuchas, te darás cuenta de que sigue disfrutando de su trabajo, con la pasión y el entusiasmo del primer día.

Igual que mi maestro, Brown Bear, no busco grandes voces, busco pasión, naturalidad, originalidad, estilo, creatividad, sencillez, locutores con la habilidad de entretener y que hablen el mismo lenguaje que sus oyentes.

Uno de mis grandes pesares surge cuando alguien me pide una oportunidad y no le veo ese *algo*. No tengo ningún derecho de cortar las alas de quien quiere volar, todos tenemos un talento único y eso es lo que nos lleva a la cima. La realidad es que no se puede contratar a todos, y cuando realizo entrevistas a locutores aspirantes, hago un esfuerzo para que me hablen de lo que más les apasiona en la vida, de esa manera puedo identificar dónde está su potencial y su oportunidad de éxito, para que, si no hay un espacio en mis emisoras, se vayan con una mejor idea de dónde pueden crecer. Todos podemos ser exitosos en nuestro ámbito, en lo que nos es natural.

La raíz de todo bien crece en la tierra de la gratitud.

-Dalai Lama

Han pasado casi treinta y cinco años desde que inició mi carrera profesional y, durante la pandemia, hice una revisión de lo que ha sido mi vida hasta este momento. Me doy cuenta de que todo lo que he hecho ha sido provocado por el impulso de la emoción y la inspiración; ahora que empiezan a pesar los años, asimilo que el mundo en el que vivimos no es infalible, que el valor está en lo cotidiano, que debo vivir más para mí, para mi familia, que debo siempre ser agradecido porque todo lo que tengo me fue dado por Dios.

Nos tuvimos que tapar la boca para conectar con el corazón.

Era el 10 de marzo de 2020, las incesantes notificaciones y alertas de los dispositivos electrónicos aceleraban la angustia de millones de personas en el mundo. La emergencia era real y yo estaba de viaje de negocios en México; tenía dos responsabilidades urgentes: tranquilizar y organizar a mi familia y coordinar a mis colaboradores para que cumpliéramos con nuestras responsabilidades como comunicadores de medios masivos.

Hay quienes se atreven a decir que la radio ha dejado de ser relevante, pero en los momentos de crisis se demuestra lo contrario. La radio cuenta con personas en vivo que sienten y sufren al igual que todos, que poseen habilidades para informar y transmitir un mensaje de paz y esperanza a través de su voz.

Yo, como responsable, debía organizar un plan de acción para cada una de las emisoras en las que colaboro, y la información cada vez era más trepidante. No estábamos preparados, pero sabíamos del eminente riesgo. El confinamiento, sería generalizado. Nuestra obligación principal era informar y trasmitir calma sin crear pánico.

Se declaró el estado de emergencia. Yo estaba desesperado por conseguir un vuelo de regreso a Los Ángeles. Las aerolíneas anunciaban cancelaciones a cada minuto y se hablaba de cierre total de las fronteras. Todo mundo debía quedarse en casa. Todos estábamos agobiados por la incertidumbre.

La gente abarrotó los supermercados y, enloquecidos, buscaban víveres. Un amigo trajo una maleta llena de papel higiénico que compró en un supermercado de México, pues en Los Ángeles ya se había agotado. Quise hacer lo mismo, nos preocupaba más el maldito rollo de papel higiénico que la salud.

La Organización Mundial de la Salud calificó como «pandemia» el brote de Covid-19.

Por fin conseguí un boleto de regreso; dos horas después estaba montado en un avión en el que viajábamos un poco más de diez personas. Tres horas después, arribé al desértico aeropuerto de Los Ángeles: era una imagen que nunca hubiera imaginado. No había servicio de taxis ni Uber.

Mi horario de arribo coincidía con el de Leonardo, mi hijo mayor, quien llegó de Nueva York, donde ya se contaban por miles los contagios. Mi esposa pasó por nosotros; en la autopista, que siempre había estado congestionada, ahora sólo rodaban unos cuantos vehículos. Las mismas escenas se repetían por el planeta. En el auto, mi hijo planeaba las medidas de prevención a seguir.

Yo me comunicaba con los ingenieros con el fin de planear la logística para que los locutores tuvieran conectividad desde sus casas y la transmisión no se interrumpiera, pero en ese momento todo parecía imposible o muy complicado. Se me hacía ilógico que no tuviéramos a la mano lo necesario, en una época en la que la tecnología está tan avanzada.

En reunión telefónica de emergencia con los locutores, los más audaces pusieron primero su compromiso con su audiencia y tomaron la valiente decisión de no faltar, de ir todos los días a las cabinas y cumplir con la información en vivo y en directo. Del baúl sacamos los gafetes que nos acreditaban como prensa para permitir los accesos, pues las autoridades anunciaban cierre total en calles y carreteras.

En casa, se respiraba la preocupación. Cinco días antes, Norma, mi esposa, había participado en el Maratón de Los Ángeles junto a decenas de miles de corredores, y ella comenzó con síntomas de resfrío y agotamiento; por supuesto que consideramos que estaba contagiada, pues los participantes de la carrera vivieron de distintas regiones del planeta. Su estado de salud empeoró y, aunque llamábamos al doctor de cabecera, la única opción era ir al hospital a solicitar una prueba Covid, pero los sanatorios aún no la tenían disponible. Preocupados por el riesgo de que la aislaran, y ante la negativa de ella de ir al hospital, tomamos las precauciones en casa.

La información de los síntomas de Norma llegó a oídos de algunos amigos, entre ellos, Juan Carlos González, quien es corresponsal de la cadena de noticias de Univisión, y se comunicó con mi esposa para pedir una entrevista por medio de videoconferencia. En horario estelar, y a nivel nacional, apareció mi bonita con síntomas del Covid-19, aunque sin un diagnóstico, pues no había pruebas para comprobar si su contagio era positivo.

De pronto, comenzó el bombardeo de llamadas y mensajes de amigos y familiares, impactados y preocupados por la salud de Norma; todo el mundo sugería antídotos y menjurjes para el mal, lo cual agradezco con el alma, pero el teléfono no paraba de sonar. Ella apareció en varios segmentos noticiosos y su salud empeoraba.

Atrapado en la angustia por mi esposa, hacía malabares para cumplir con las responsabilidades de comunicador y con la preocupación de que mis padres, de la tercera edad, estaban solos en el ranchito sin alguien que los atendiera. Teníamos días, semanas o meses sin hablar con algunos familiares y de pronto todos estábamos conectados, compartiendo información. Dios nos puso a prueba y nos reunió para valorar la vida y a nuestros seres queridos.

Creímos que esto sería cuestión de quince días, pero nos quedamos en casa durante más de dos años. Aprendimos a convivir, a administrar el tiempo, a trabajar desde casa, a leer, a superarnos, a pensar en el prójimo, a vivir en armonía, ser más tolerantes, pero, sobre todo, a vivir cerca de Dios.

El cáncer es una palabra, no una sentencia.

Al escribir estas líneas apenas han pasado setenta y dos horas desde mi diagnóstico: cáncer de próstata nivel 7 de la escala Gleason. Llevo tres días congestionado de enojo, confusión, angustia y tristeza.

No sé cómo describir mis sentimientos en este momento. Estoy sacando fuerza y valentía para compartir mi dolor emocional contigo, que me haces el honor de leer este libro; mi única intención es hacer conciencia de que esto le ocurre a miles de hombres por falta de un examen o por miedo. Sin saberlo, podemos padecer de este mal que, tratado a tiempo, nos da la oportunidad de seguir viviendo.

El martes 15 de marzo del 2022 asistí a un examen físico. Mi médico de cabecera solicitó varios estudios de laboratorio, incluyendo uno de niveles de antígeno prostático, conocido como PSA. Regularmente, los resultados de los análisis son publicados en un portal donde el paciente puede acceder a revisarlos y no siempre son acompañados por el seguimiento del doctor. Esta vez, al cuarto día, recibí la llamada de nuestro médico pidiéndome que fuera a su consultorio.

Primera señal de alarma.

—Tus niveles de antígeno prostático están al doble de lo normal y debes darle atención inmediata.

Mis urólogos ya son amigos, pues me extirparon el cáncer hace dieciocho años y recientemente me hicieron cirugía láser para pulverizar las benditas piedras que aterrorizan a quien las tiene en los riñones. Ahora, la próstata.

La doctora fue directa y lo primero que sugirió fue una biopsia transrectal. Me dio la explicación de cómo se hace como si estuviera hablando de una receta para hacer huevos revueltos con jamón picado: «Nada complicado». De haber sabido realmente lo que significaba ese procedimiento, hubiera preguntado por opciones, aunque, en realidad, no estoy seguro de que las haya.

La cita para ver los resultados de la biopsia fue el jueves 7 de abril, apenas hace tres días. Mi esposa, como siempre, con pensamientos positivos, me decía que todo estaría bien, pero yo intuía que algo no andaba por el camino adecuado. Ella me acompañó al centro médico City of Hope, especializado en pacientes con cáncer.

Le pedí a Norma que me esperara en el recibidor, pues yo intentaba protegerla para que no escuchara las malas noticias. No hubo forma de convencerla y me tomó de la mano, esa mano que siempre me ha dicho «aquí estoy contigo».

La espera en el reducido cuarto del consultorio parecía eterna y mi ansiedad era notable. Sentí un fuerte aire frío provocado por la doctora que empujó la puerta al entrar y, sin saludar, se sentó frente a mí con varios documentos y un cuaderno. Me miró y sin titubear me dijo:

—Desafortunadamente, los resultados son positivos. Tienes cáncer.

Todo se nubló: mi mente, mis ojos, mis ideas, mi razonamiento y mi corazón. Escuchaba todo, pero no entendía nada; mis pensamientos eran vagos: «¿Cuánto tiempo me queda de vida? Tengo mis cosas en orden, pero ¿cómo me preparo?».

Mis ojos estaban perdidos y los de mi esposa derramaron lágrimas que recorrieron inclementes sus mejillas, dejando una línea de humedad en su rostro. Intentaba decir algo, pero no lograba formular nada.

La especialista habló durante casi cuarenta y cinco minutos, explicó y dibujó en su cuaderno algo que parecía una fruta, una pera dividida en cuadros como si se propusiera jugar al gato. Yo intentaba entender y ella quería que yo visualizara las áreas de mi próstata afectadas con cáncer. Yo comprendía muy poco.

—La única opción es la cirugía para remover la próstata en su totalidad.

Días antes intenté leer al respecto, pero no pude y preferí esperar los resultados. Ahora, el médico, con lujo de detalles, hablaba de la intervención y los efectos secundarios; eso sí lo entendí.

Salimos del consultorio con mil instrucciones. Mi esposa me abrazaba, caminábamos lento y bajamos las escaleras de esa clínica donde me habían acribillado. En el último escalón, levanté la mirada y por el pasillo vi venir a mi mensajero de Dios: Daniel Ramírez, mi amigo, quien manejó desde El Paso durante toda la noche, doce horas, sólo para estar conmigo en ese momento. Los tres nos entrelazamos en un abrazo divino. No me pude contener y solté el llanto. Danny me brindó un mensaje de paz.

Salimos y fuimos juntos a buscar un desayuno. No pude probar bocado y al volver a casa me tiré en un sillón. La angustia hizo lo suyo, me dejó agotado y me quedé dormido.

Por la noche, no pude dormir e hice lo que nadie recomienda: buscar respuestas en internet. Un sinfín de videos de médicos y confusos testimonios de pacientes explicaban los efectos secundarios. Dios estaba conmigo.

Fui hasta el cuarto de mi hijo, sólo ahí pude conciliar el sueño durante un par de horas.

Desperté a las 4:30 de la mañana, bajé a mi oficina y en la computadora abrí una página en blanco donde me disponía a escribir, pero no sabía por dónde empezar; quería hacer una lista de instrucciones para mi esposa y mis hijos.

Continué buscando artículos y me puse a leer. Nunca imaginé aprender tanto en tan poco tiempo sobre esta enfermedad que afecta a uno de cada nueve hombres, y mata a quienes no se atienden a tiempo, pues es un cáncer silencioso que sólo puede ser detectado estando atento a los posibles síntomas o a través de un estudio de antígeno prostático.

Esa mañana, decidí cambiar mi actitud tajantemente y ser valiente, mostrarme fuerte ante la adversidad. Ésta no es la primera ni la última prueba a la que me enfrentaré. El cáncer no se cura llorando, porque si llorando sanara, entonces me iría al mercado a comprar todos los costales de cebolla.

Siempre he sido una persona de lucha y tengo que vencer a este cáncer porque soy valiente; se trata de vivir, y con la ayuda de Dios y de las manos profesionales, voy a vivir por mi familia, que también está sufriendo. No puedo mostrarme derrotado ante ellos.

Mi búsqueda de información y aprendizaje sobre el cáncer prostático tomó fuerza. Llamé a algunas personas, entre ellas mi jefe, Alberto Rodríguez, a quien le informé mi situación, y me ofreció todo su apoyo:

—No te vamos a dejar solo, tú eres parte de la familia.

Ese mismo día tomé la decisión de buscar una segunda opinión médica y nuevamente Dios se hizo presente, cuando recibí la llamada de un gran amigo, Luis Medina, quien se comunicó por un tema de trabajo, pero mi mente no estaba en eso y me atreví a comentarle mi situación. Mientras le contaba, me interrumpió para decirme:

—Espérate, que tengo a un gran amigo que es una eminencia en este ramo. Te regreso la llamada en unos minutos.

Se comunicó directamente con el doctor Sotelo, quien estaba a punto de entrar al quirófano del hospital de USC, en Pasadena, California. Pasaron dos minutos cuando Luis se comunicó y, sin preámbulo, dijo:

—No hagas nada, tienes que ver a mi amigo. Le he pedido que te vea y te va a atender en el hospital en una hora y media.

Luis se encontraba en viaje de negocios en la Ciudad de México y dejó todo para coordinar mi cita con el especialista. Me envió un video del doctor Sotelo, que, efectivamente, es una eminencia.

Yo estaba de regreso en casa después de dejar a mi amigo Danny en el aeropuerto y cambié la ruta hacia el hospital para encontrarme con el médico.

El doctor Sotelo, apenas salió del quirófano, vino a mi encuentro aún con uniforme y sudor en la frente; fue directamente a una pequeña oficina prestada para hablar conmigo. Le mostré los resultados de la biopsia y, junto a sus dos asistentes, explicó con absoluta claridad mi situación, cómo sería la cirugía, el tratamiento para los efectos secundarios y todos se encargaron de colmar mi corazón de paz y esperanza.

Mientras escribo estas líneas, tengo conmigo el libro *No le tengas miedo al dedo*, escrito por el doctor Sotelo, que explica de una manera sencilla desde los síntomas hasta la recuperación absoluta para pacientes con cáncer de próstata.

Mi esposa, calendario en mano, se ha encargado de agendar los tratamientos y estudios necesarios previos a la cirugía, y yo, tranquilo, espero la fecha para la extirpación del mal. Me preparo física y mentalmente para la recuperación.

No soy nadie para dar un consejo, pero me voy a atrever a recomendar que, si eres varón mayor de cuarenta años, solicites el análisis de antígeno prostático, pues ésta es la única manera de detectar el cáncer de próstata y salvar tu vida.

La gratitud en silencio no sirve de nada.

Mi legado.

Hoy, más que nunca, pienso en el verdadero significado de la palabra «legado»; seguramente el buscador de Google dirá que es algo que dejas en tu testamento y sí, así es. Este libro debería llamarse *Testamento*, porque está escrito con la única intención de hacer un repaso a mi vida y dejar por escrito el agradecimiento a quienes hasta hoy aportaron valor a mi existencia.

Cuando pones ideas positivas en tu mente, empiezan a surgir cosas muy buenas. Mi cabeza nunca dejó el pensamiento de que algún día sería locutor; se hizo realidad gracias a un verdadero gigante de la comunicación que me permitió abrir el micrófono para decirle al mundo que todo es posible: Alberto Vera, Brown Bear, un hombre que me enseñó que la puerta del éxito se abre hacia adentro, y que todo empieza en el corazón y se va construyendo como una casa, poco a poco, ladrillo por ladrillo. Cualquiera hubiera dudado de mi capacidad, debido a mi diminuto nivel académico o por venir de un pueblo humilde donde escaseaba todo menos los sueños.

El líder sabe que el éxito significa hacer lo que es correcto. Brown Bear siempre fue un hombre visionario que no buscaba grandes voces, locutores letrados o maestros de la informática; para él, la imaginación era más importante que el conocimiento, y por eso buscaba gente con propósito, porque ahí es donde nace la pasión. Puedo decir que quienes tuvimos la fortuna de trabajar a su lado éramos personas comunes, como cualquier otro en la calle, con el diferenciador de que teníamos la pasión y la ilusión de algún día trasmitir nuestros pensamientos, y él nos dio los watts para potencializar nuestra vocación.

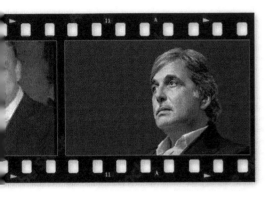

Una de las cosas que más valoro es la confianza de quienes me han escuchado y me han permitido poner en marcha mis ideas, en este sentido, quiero dejar un agradecimiento especial al señor Raúl Alarcón Alemán, un hombre visionario que empezó con una ilusión —como la mayoría—, desde cero. Él tocó puerta por puerta y, con su asombrosa capacidad analítica, supo identificar las oportunidades; sabía lo que quería y nunca renunció a su idea, hasta que convenció a un banquero del potencial del mercado hispano en Nueva York, logrando un préstamo para comprar una pequeña emisora en 1983; su tenacidad lo llevó a construir un imperio de la radio: Spanish Broadcasting System (SBS), la empresa que me ha consentido como comunicador durante treinta años y me ha permitido vivir la vida profesional que yo imaginaba. El señor Alarcón es un ser humano con una impresionante vocación de liderazgo, es culto y rico en matices al hablar y escribir; se distingue por su capacidad de disfrutar de las cosas. Soy admirador de su amabilidad, pero, sobre todo, de su agradecimiento y respeto para quienes laboran en su empresa, eso es algo que yo sé bien, pues llevo treinta años trabajando en sus proyectos.

He diversificado mis alcances en ramos ajenos a la radio y a la música, enlazando amistades con personas invaluables con quienes el afecto personal, bondadoso y desinteresado se fortalece con el trato cotidiano. Lo que más aprecio de cada uno de ellos es la oportunidad de juntos construir un legado de buenos valores, sentimientos, convicciones, gustos, aficiones, opiniones, creencias y proyectos para fortalecer a nuestras familias y al prójimo.

Dicen que los socios y los amigos pueden ser una buena combinación o un desastre monumental. Mis amigos-socios, han sido ejemplares. Primero, lo primero: la salud, ahí las muestras de apoyo son invaluables; la amistad es un regalo divino y el respeto un valor que nos ha permitido reconocer, aceptar, apreciar y valorar las cualidades y responsabilidades de cada uno de nosotros. Me considero un hombre muy afortunado, pues la vida me ha bendecido con amigos, más que con socios.

También tengo una gran deuda con quienes sembraron la semilla para escribir la *narrativa* de mi vida, con mis asesores literarios y con todos en mi familia; este proyecto hizo que juntos repasáramos pasajes de nuestra niñez y adolescencia, y volviéramos a vivir los mejores recuerdos de nuestras vidas.

Gracias a quienes compartieron conmigo su sabiduría y recomendaciones, a los cácaros del mundo por su historia cinematográfica, a los colegas locutores y programadores de radio que me inspiraron y a los piscadores de fresas; cada uno contribuyó para que este libro llegara a tus manos.

Le debo a Dios todo lo que tengo y lo que soy, le doy gracias por lo que me ha tocado vivir, por hacerme fuerte para luchar, por dejarme lograr mis metas, por guiar mis pasos en el camino, en donde encontré seres de quienes aprendí a ser mejor persona. Gracias a Dios por darme vida, salud, un hogar y una familia.

De mis padres heredé muchas cosas, y les agradezco rescatando sólo las buenas. A mi madre le aprendí ser bondadoso, que nunca es tarde para empezar de nuevo, que lo primero es la familia. De mi padre obtuve la sabiduría, la honestidad, la fuerza y la voluntad para no tener miedo al trabajo.

La generosidad de Norma, mi esposa, es lo mejor que me ha pasado; ella me ha dado sus años, sus sueños, su alegría, sus cuidados; me dio tres hijos, me dio el llanto, la bondad y hasta un reducido espacio en el desván de la casa para mis trenes en miniatura; ahí huele a pegamento, hay pinceles, herramientas y pequeños frascos de pintura, ahí también está el viejo proyector RCA, el de la linterna mágica que ayudó a trazar la ruta de mis sueños en el cine de mi padre, que me hizo conocer el mundo en la pantalla zurcida por mi madre, esa pantalla que me hacía reír, emocionarme y a veces llorar; esa vieja máquina sigue alimentando mi afición por el cine clásico, que está tatuado en mi corazón y sirvió de inspiración para que, a través de este libro, pudiera repasar la cinta de mi vida, donde los abuelos aparecen en primer plano, y mi papá y mi mamá son los protagonistas.

Sólo me queda pensar en la huella que dejaré, en lo que voy a heredar a este mundo cuando mis ojos se cierren. La verdad, dormiré en paz cuando llegue el momento y ya veré cómo poner un cine o programar una estación de radio en la eternidad.

Todo estará bien mientras un panadero se levante de madrugada para encender el radio y mientras a un migrante le palpite el corazón al escuchar aquella canción que lo inspira a luchar por sus sueños.

FIN

JC Hidalgo

Postdata: debo decir que sólo yo soy responsable de imprecisiones, puntos de vista, perjuicios y errores en este libro.

Agradecimientos

Gracias a @Dios por sus bendiciones, @Miguel Hidalgo, por su historia que es la mía; @Elia Ordaz, mi viejita chula; @Norma Hidalgo, mi bonita por ser parte de mi historia; @Abel Quiñonez, por motivarme en este proyecto; @Nelson Enríquez, por su sabiduría; @Yeana González, por su experiencia para llevar este libro a las manos de los lectores; @Alfonso Franco Aguilar, por su guía y por hacerme lucir; @Manuel Hernández, por su diseño; @Alberto García, por sus consejos; @Norma Mora, por regresar mis memorias; @Ernesto Hidalgo, @Gabriela "La Grande", @Gabriela "La Chica" por su entuciasmo en esta historia, @Hilda Hidalgo Carranza, por su talento y aportacion; @Adal Loreto, por tu invaluable apoyo; @Manuel Hidalgo Macías, por no olvidar de dónde venimos; @Clarita Portillo Hidalgo, por el álbum de la familia; @A Jesse Portillo por su apoyo el las grabaciones del audio libro, @A las primas y primos Hidalgo Guillén, @Hidalgo Carraza @Antonio Martinez Hidalgo por la frase de mi abuelo @José Luis Alvarado Bravo, por su valiosa aportación; @Alejandro Rivera, por sus fotos del Tariácuri de mis recuerdos. @Félix García, @Antonio García, @Juan Carlos Ortiz, @Luis Medina, @Luis Fletes, @Migue Tejeda gracias, amigos, por sus consejos. @Alexis Velasco, por limpiar mi ortografía; @Heidi Ávila, por ilustrarme, y a todos los que pusieron su granito de arena para realzar la novela de mi vida.

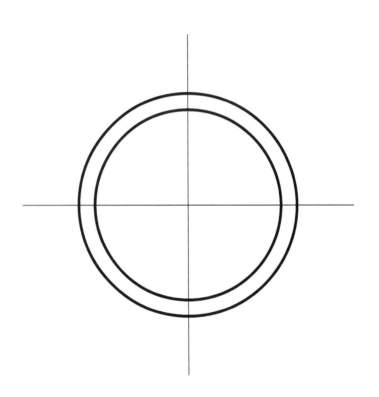

Made in the USA
Middletown, DE
22 July 2022

69522615R00177